Jennifer Cranen

Ich will nicht, dass ihr weint

Das Krebstagebuch der 16-jährigen Jenni

Weltbild

Nota bene:

Am 13.11.2006 haben Jennifers Eltern den gemeinnützigen Verein „Jennis Kinderkrebshilfe e.V." gegründet. Hier kann man für 5,- € Jahresbeitrag Mitglied werden und dadurch helfen.

Die Aufgabe des Vereins ist der Verkauf und die Bekanntmachung von Jennis Buch. Der Gewinn geht an den Förderkreis „Hilfe für krebskranke Kinder e.V." in Aachen.

Sollten Sie Interesse an einer Mitgliedschaft haben, nehmen Sie bitte direkt Kontakt mit Jennifers Eltern auf (cranen@t-online.de). Herr und Frau Cranen freuen sich über jedes neue Mitglied.

Dieses Buch widme ich allen, die mir während meiner Krankheit geholfen und mich die ganze Zeit unterstützt haben.
Denkt daran:
der Glaube versetzt Berge
September 2003 – November 2004

Genehmigte Lizenzausgabe für Verlagsgruppe Weltbild GmbH,
Steinerne Furt, 86167 Augsburg
Copyright der Originalausgabe © 2004 by Jennifer Cranen
Umschlaggestaltung: Grafikkiosk – Alexandra Dohse, München
Umschlagmotiv: Die Umschlagfotos und die Innenteilabbildungen stammen
aus dem Privatarchiv der Familie Cranen
Gesamtherstellung: Bagel Roto-Offset GmbH & Co.KG, Schleinitz
Printed in the EU
ISBN 978-3-8289-9355-6

2010   2009   2008
Die letzte Jahreszahl gibt die aktuelle Lizenzausgabe an.

Inhaltsverzeichnis

Vorwort

Ich heiße Maria-Anna Cranen und bin die Mutter von Jennifer, die dieses Buch geschrieben hat. Ich sitze nun hier und versuche Ihnen zu erklären, wie dieses Buch entstanden ist.

Jennifer ist am 12.05.1988 geboren. Sie durchlebte eine ganz normale Kindheit – bis sie mit 15 Jahren einen Tumor an der linken Halswirbelsäule bekam.

Nachdem die Diagnose feststand, bekam Jenni im Krankenhaus Besuch von „Wünsch Dir was". Die wollten Jenni einen ganz besonderen Wunsch erfüllen. Nach einer kurzen Bedenkzeit entschloss Jenni sich, ein Buch über ihren Kampf mit dem Krebs zu schreiben.

Sie bat „Wünsch Dir was" nach Fertigstellung des Buches bei der Veröffentlichung desselben zu helfen.

Am 16.11.2004 verließ Jenni uns und ging ins Licht.

Ich habe die Formulierungen Jennis, die manchmal etwas umständlich wirken, bewusst nicht verändert.

Einen Teil vom Bucherlös erhält laut Jennis Bestimmung der „Förderkreis Hilfe für krebskranke Kinder e.V." in Aachen.

Maria-Anna Cranen

Wie alles begann ...

Es fing alles eigentlich im März 2003 an. Ich hatte dolle Rückenschmerzen und war total verspannt, deshalb massierte mich mein Vater sehr oft und er meckerte immer rum, dass ich zuviel vorm Computer sitzen würde.

Jenni im Juli 2003

Na ja, gut, ich saß vielleicht nicht gerade wenig vorm PC. Aber soviel, dass ich so verspannt bin? Nein, das wollte ich nicht einsehen. Es wurde jedoch immer schlimmer mit meinen Schmerzen. Wenn er mich massierte, war es besser, doch am nächsten Tag konnte er von vorne anfangen, denn dann tat es genauso weh, wie am Tag zuvor.

Am 24.03.03 bin ich dann mit meiner Mutter zu einem Orthopäden gefahren, weil es doch nicht sein konnte, dass ich andauernd verspannt bin. Doch der Orthopäde sagte auch zu uns, dass es nur eine Verspannung sei. Ich müsse halt mehr Sport machen und dafür würde ich dann auch noch Krankengymnastik bekommen.

Später im Auto und auch zu Hause würde mir dann natürlich tausendmal, sowohl von meinem Vater als auch von meiner Mutter, gepredigt, dass ich weniger vorm Computer sitzen soll und mehr Sport machen soll. Dann haben wir als erstes einen Termin beim Krankengymnasten gemacht. Bei meiner ersten Krankengymnastik wurden mir dann auch Aufgaben gegeben. Da ich aber keine Hanteln hatte, musste ich mir die von meiner Tante ausleihen. Aber irgendwie war das doof, ich hatte ja kaum Zeit, und dann sollte ich auch noch jeden Tag so lästige Übungen machen. Na ja, nun gut, da musste ich dann durch. Zumal ich die Übungen auch des Öfteren vergaß.

Am 3. April 2003 gingen wir für mich Schuheinlagen holen, denn mein linkes Bein ist ein kleines Stück kürzer als das rechte und es hieß, dass ich dadurch schief gehe und das auch mit meinen Rückenproblemen zusammen hängen könne. Also hatten wir dann erst einmal alles dafür getan, dass meine Rückenprobleme besser werden müssten, doch das wurden sie komischerweise nicht.

Wir sind dann noch zweimal zu diesem Orthopäden gegangen, und beide Male gab er mir eine Spritze, renkte meinen Rücken ein und sagte, dass ich immer noch zu wenig Sport mache. Beide Male war ich sauer, weil es doch eigentlich gar nicht mehr sein konnte. Ich habe wieder Krankengymnastik verschrieben bekommen und meine Übungen fortgesetzt.

Doch es wurde nicht besser. Ich wachte nachts auf und fing an zu weinen vor Schmerzen und mein Vater massierte mich, und ich nahm Tabletten und wir machten eigentlich alles, was möglich war. Ich schlief kaum eine Nacht ohne Tablette.

Auch meinen Freunden fiel auf, dass ich andauernd Schmerzen hatte und auch, dass ich schief saß und mich jedes Mal, wenn ich saß, mit der linken Hand irgendwo abstützte. Auch im Unterricht konnte ich mich deswegen öfter nicht konzentrieren. Ich saß dann da im Unterricht – voll und ganz mit meinem Schmerzen beschäftigt – lag quer über den Tisch und der Mathe-Lehrer wollte, dass ich Geometrie mache, was natürlich besonders vorteilhaft war, denn ich hatte in meinem Arm solche Schmerzen, dass ich mit diesem nicht einmal mein Geodreieck festhalten konnte, geschweige denn geometrische Zeichnungen konstruieren. Doch erzähl das erst einmal einem Lehrer. Dieser würde denken: „Die Ausreden werden ja auch immer besser!". Ich bin sogar in den Pausen öfters nach Hause gegangen, nur um mir eine Tablette zu holen.

Ich meine, das ist nun nichts Weltbewegendes, wenn man drei Minuten von der Schule entfernt wohnt. Ich habe auch von Zeit zu Zeit immer weniger am Sportunterricht teilgenommen, weil ich einfach nicht konnte und mit meinen Schmerzen auch nicht wollte. Meine Mutter hielt es öfter auch für Ausreden, weil ich keine Lust hätte, ich meine, ich hatte auch keine Lust. Aber hätte ich gekonnt, hätte ich mitgemacht, weil ich auch keine 5 in Sport wollte, wegen: „Zu oft gefehlt!" oder so. Ich hatte auch öfter während der Schulzeit Arzttermine, was meinen Lehrern natürlich auch nicht gefiel, aber was sollte ich denn machen? Ich ging also zu meinem

Hausarzt und holte mir Spritzen, um die Schmerzen besser ertragen zu können. Doch mit Spritzen war es irgendwie nicht getan.

Ich habe mir dann vom Hausarzt eine Überweisung zum Neurologen geben lassen, welcher mich dann geröntgt hatte und feststellte, dass ich einen Knick in der Wirbelsäule habe, was wiederum auch vom Falsch-vorm-PC-Sitzen kommen soll. Mittlerweile hatten wir schon Ende Juli und ich fuhr bald in den Sommerferien für zwei Wochen in Urlaub nach Spiekeroog. Spiekeroog ist eine Insel an der Nordsee, sie liegt bei Wangerooge und Langeoog und Norderney. Es ist sehr schön dort und es gibt dort keine Autos, das heißt, es war sehr viel Sport angesagt. Ich war dort mit einer Jugendgruppe, und wir haben wirklich sehr viel unternommen und sehr viele sportliche Aktivitäten gemacht. Das war es dann doch eigentlich was mein Rücken brauchte. Nur komischerweise lag ich auch auf Spiekeroog eines Abends im Bett, am Heulen vor Schmerzen und keiner konnte was machen.

Arzt Shopping

Als ich dann am 17.08.03 aus dem Urlaub wieder-kam, sind wir wieder zu unserem Hausarzt ge-gangen, weil wir nicht wirklich wussten, was wir nun tun sollten, denn besser ist durch Sport nichts ge-worden. Unser Hausarzt verschrieb mir was, was ich ja bisher so selten bekommen hatte, nämlich Kranken-gymnastik.

Nur diesmal entschied sich meine Mutter dafür zu Dr. B. zu gehen und nicht zu unserem alten Orthopäden, der zurzeit auch zum Glück in Urlaub war. Das Problem war nur, dass man bei Dr. B. normalerweise zwei Mona-te auf einen Termin warten kann und soviel Zeit hatten wir nicht. Also tat Papa sein Möglichstes, um schnell ei-nen Termin zu bekommen. Und zu unserem Glück hat-ten wir diesen auch schon am 05.09.03.

Als wir uns am 05.09. zu Dr. B. begaben, wo wir dann sogar relativ schnell dran kamen, und uns von Ihm ei-gentlich Krankengymnastik verschreiben lassen wollten, bemerkte er, dass mein Arm gelähmt war. Er, meine Mut-ter und ich waren ziemlich geschockt. Wieso war denn nun mein Arm gelähmt? Nun gut, das erklärte zumindest schon mal wieso dieser immer so wehtat. Doch Dr. B. war völlig schockiert. Er konnte nicht begreifen, wieso mein Arm gelähmt war und machte noch einige Untersuchun-gen. Er vermutete schon drei Dinge, die es sein könnten und schickte uns daraufhin zum Neurologen.

Es war ein anstrengender Morgen, von einem Arzt zum anderen gehetzt zu werden. Beim Neurologen angekommen, überbrückten wir die Zeit mit etwas Quatschen. Als der Doktor mich untersuchte, wiederholte er noch einmal, dass mein Arm gelähmt sei. Doch um weitere Nervenuntersuchungen zu machen bräuchte er die Ergebnisse eines MRT (Kernspin-Tomographie, auch Magnet-Resonanz-Tomographie genannt).

Dann sind wir zurück zu Dr. B., welcher meinte, dass er sich erkundigen würde, wo ein Platz frei wäre. Am besten sollte ich nach Rheydt. „Aber jetzt endlich nach Hause", dachte ich.

Zu Hause habe ich mich erst einmal in die Kiste gehauen. Verständlich, denke ich, wenn man um sieben Uhr in den Ferien wegen eines Arzttermins aus dem Bett gejagt wird und dann am Abend auch noch ein Date im Kino mit einem süßen Typen hat, da will man doch ausgeschlafen sein.

Doch irgendwie war mir das nicht gegönnt, denn zehn Minuten später kam meine Mutter in mein Zimmer geplatzt und meinte: „Du musst nach Aachen!". Ich war erst einmal total sauer, dass sie mich geweckt hatte, aber ehe ich mich damit beschäftigen konnte konfrontierte mich der Gedanke: „Aachen?". „Was ist mit Aachen, wieso soll ich dahin?" fragte ich meine Mutter. Sie antwortete, dass Dr. B. nirgendwo einen Termin bekommen hätte und das Universitätsklinikum Aachen meine einzige Möglichkeit sei.

Ich fing an zu weinen! Ich wollte nicht nach Aachen, ich dachte schon an dieses große Gebäude mit den ganzen Rohren, das aussieht wie eine Fabrik, und drinnen die ganzen grünen Wände und Böden und dann noch diese stickige Krankenhausluft. Nein, da wollte ich auf keinen Fall hin!

Meine Mutter fragte mich, ob ich denn lieber weiter Schmerzen haben und Tabletten schlucken wolle. Doch das war es auch nicht, was ich wollte. Dann sollte ich auch noch eine Tasche mit Schlafzeug packen, falls ich dort bleiben müsse. Das gab mir dann den Rest. Ich war fertig! Nein, ich sollte nicht nur meinen ganzen Nachmittag im Krankenhaus verbringen, sondern womöglich auch noch da übernachten. Das hätte sie mir verschweigen sollen, denn nun waren ihre Beruhigungsversuche erst recht sinnlos.

Vor allem: Was war mit meinem Date? Egal was jetzt war, ich wollte dorthin und das war auch eigentlich der größte Grund, warum ich so sauer war. Na ja, nutzte mir alles nichts, ich musste mit. Was ich wollte, spielte gar keine Rolle. Wir fuhren eine Stunde bis nach Aachen. Ich habe während der Autofahrt geschlafen, um mich erst einmal wieder abzuregen.

Universitäts-Klinikum Aachen

Im Krankenhaus angekommen, war es richtig stressig. Es war genauso schlimm, wie ich es in Erinnerung hatte. Immer noch alles in Grün und eine stickige Luft. Außerdem wimmelte es überall von Besuchern, Patienten und Ärzten. So was ist doch unerträglich.

Wir mussten erst einmal schauen, wo wir hin mussten. Wir hatten ja noch nicht mal mehr einen festen Termin, also konnte sich alles ja nur um Stunden handeln. Von da an, als wir wussten, wo wir hin mussten, hörte es gar nicht mehr auf mit dem Stress.

Ich musste von einer Untersuchung zur nächsten und von einem Arzt zum anderen, und das Schlimme war, anstatt dass die Ärzte sich absprechen, durfte ich auch noch allen dasselbe hundertmal hintereinander erzählen. Und die Untersuchungen zogen sich über Stunden hinaus.

Dass ich das Date nun vergessen konnte, war glasklar, denn wir wollten in die 17-Uhr-Vorstellung von „American Pie 3" und das in Erkelenz. Und ehe ich zu Hause wäre, umgezogen und mir den nächsten Bus geschnappt hätte, wäre die schon längst gelaufen. Na klasse, dachte ich mir, der Tag war doch echt zum Kotzen!

Unter anderem fielen unter die Untersuchungen ein Ultraschallbild und eine Computertomographie, und aus diesen beiden Untersuchungen entschied sich dann, was ich hatte und ob ich im Krankenhaus bleiben musste.

Und wie der „Zufall" es so wollte, hatte ich natürlich was, womit ich im Krankenhaus bleiben musste, nämlich einen

Tumor!

Ich wusste es, es konnte doch gar nicht anders sein! An diesem Tag geschah alles, was ich nicht wollte. Nun musste ich in diesem stickigen ollen grünen Krankenhaus auch noch übernachten! Aber irgendwie war das ja mal wieder klar – als ob eine Halsentzündung und eine Blasenentzündung für die Sommerferien nicht ausreichen würden, nein, jetzt musste es auch noch ein Tumor sein. Und das ausgerechnet in der letzten Ferienwoche, wo ich noch eine Menge geplant hatte.

Na ja, eigentlich war ja alles wie immer. Es waren Ferien und ich war krank. Wenn es nur was Neues gewesen wäre, aber dass es meinen Eltern genauso wenig in den Kram passte wie mir, war ja auch klar. Sie kannten das ja auch schon von mir, dass ich ein Händchen dafür habe, in den Ferien krank zu werden.

Ich erfuhr, dass die Ärzte übers Wochenende keine Untersuchungen machten. Schön wäre es gewesen, hätte ich auch nur für mein Date nach Hause gedurft – aber nein, nichts da.

Die Schwestern und Ärzte brauchten einfach mehr Arbeit und Stress und hatten wohl die Vorahnung, dass ich ihnen da behilflich sein könnte, also blieb ich, denn man hilft ja wo man kann!

Am Samstag bekam ich auch schon Besuch. Meine Mutter, meine Tante Kitty, meine Oma und Ramona, eine gute Freundin.

Wenigstens etwas Ablenkung, wenn ich schon da bleiben musste. Auch die Tage drauf bekam ich öfter Besuch, doch ab Montag kamen jede Menge unangenehme Untersuchungen dazwischen.

Ich meine, klar, dass das sein musste, aber ich hatte da total keinen Bock drauf. Sie haben von mir noch mehrere Ultraschallbilder gemacht, Computertomographien (ist ein Röntgen meiner Knochen), MRs (Kernspintomographie, ist ein noch viel genaueres Röntgen in Schichten), eine Biopsie am Hals, um eine Gewebeprobe vom Tumor zu ziehen, eine Angiographie an meiner Leiste (eine Probe meiner Gefäße am Hals), eine Synthegraphie (ein Röntgen, bei dem man einen radioaktiven Stoff gespritzt bekommt und dann auch noch einen Blasenkatheter braucht und dann, je nach Untersuchung, lange ruhig in einer Röhre liegen muss). Ansonsten gab es noch einfache Untersuchungen wie HNO, Lunge, Herz, Zahn und so weiter, halt so ein Rundum-Check.

Die Angiographie

Auch die Angiographie war keine schöne Untersuchung. Ich wurde in meinem Bett auf Etage 5 geschoben. An hatte ich nur einen langen grünen Kittel und sonst nichts. Dann wurde ich in einen Raum geschoben, eine Schwester blieb bei mir. Ich musste mich auf eine schmale Liege legen. Leider ohne meinen Kittel, doch ich wurde direkt abgedeckt. Über mich bauten sie einen Operationstisch, deswegen durfte ich mich von da an auch nicht mehr bewegen. Dann rasierte mich ein Arzt an der Leiste. Das war auch nicht gerade angenehm.

Doch irgendwie kam mir dann so ein Gedanke, denn meine Beine waren auch noch sehr behaart. Also fragte ich den Arzt, ob er nicht Lust hätte, meine Beine auch noch zu rasieren, denn wenn er schon einmal dran ist, wieso nicht? Doch er meinte nur, dass er dafür keine Zeit mehr hätte. Schade, denn dann musste ich es selber machen.

Die Schwester fand dies sehr amüsant. Sie gaben mir an meiner Leiste eine örtliche Betäubung. Lieber wäre mir ja Vollnarkose gewesen, aber dafür wäre das Risiko zu groß gewesen. Trotz örtlicher Betäubung tat es sehr weh. Sie legten mir von der Leiste aus einen Schlauch in mich rein bis zu meinem Hals, um eine Gefäßprobe zu entnehmen.

Wie ich nachher sah, hatte ich überall Blut, aber konnte mich nicht waschen, da ich mich nicht hinsetzen oder anwinkeln durfte. Nicht einmal das linke Bein für längere Zeit knicken und das rechte schon gar nicht. Normalerweise hätte ich vierundzwanzig Stunden ruhig liegen müssen, aber zu meinem Glück brauchte ich das nur fünf Stunden. Um 18:00 Uhr hätte ich mich wieder bewegen dürfen, nicht allzu viel, aber etwas.

Nur irgendwie ging mir das nicht schnell genug, denn ich musste auf die Toilette, aber ich durfte mich ja nicht einmal anwinkeln, geschweige denn aufstehen. Ich sollte liegend in eine Pfanne pinkeln. Allein der Gedanke war schon unvorstellbar, aber auf meiner Blase war schon so ein Druck, dass ich es versuchte – auch wenn der Gedanke mich nicht gerade glücklich machte.

Doch es klappte nicht. Aber ich mein, muss man denn im Liegen pinkeln können? Ich habe gelernt, nachts nicht mehr ins Bett zu machen, und nun wird es von mir verlangt? Das kann irgendwie nicht sein. Auf jeden Fall bekam ich es nicht auf die Reihe, und ich hatte Blasenschmerzen, also musste ich mit dem Arzt verhandeln, denn ich durfte ja nicht aufstehen, obwohl mich das, was ich nicht durfte, ja schon immer irgendwie reizte. Letztendlich habe ich es dann geschafft, den Arzt zu überreden, mich auf die Toilette gehen zu lassen. Allerdings nicht alleine. Aber ich denke, bei dem fetten Verband, den ich um meine Leiste rum hatte, wäre das auch gar nicht möglich gewesen.

Es sah schon urkomisch aus, als ich über der Toilette stand mit meiner Mutter, die mich festhielt, damit ich nicht umkippte, und mit der Schwester, die mir meinen

Druckverband festdrückte, damit meine Wunde nicht aufplatzt. Tage später hatte ich einen dicken blauen Fleck an der Leiste, der mir auch noch gut eine Weile erhalten blieb. Aber das war zu überleben. Ich war froh, dass ich auch diese Aktion ohne weitere Komplikationen überstanden hatte.

Die Synthegraphie

Ich habe dann noch jede Menge Untersuchungen bekommen, doch die schlimmste Untersuchung, die aber auch erst sehr spät kam, war die Synthegraphie. Das war bei mir auch eine Geschichte für sich. Ich musste mal wieder nüchtern bleiben und wurde geröntgt und bekam dann ein radioaktives Zeug gespritzt. Dann bekam ich einen Termin fürs lange Röntgen, und mir wurde gesagt, ich brauche einen Blasenkatheter, damit meine volle Blase nicht die Aufnahmen versaut. Na klasse, dachte ich mir, nicht nur, dass ich die ganzen Untersuchungen über mich ergehen lassen musste, jetzt gaben sie mir als Bonus auch noch so 'nen blöden Katheter!

Ich konnte es mir aussuchen, ob ich mir einen machen ließ oder nicht. Aber es war ja nicht für die Ärzte, es war für mich. Sie sagten, wenn ich keinen nehme, könnte es sein, dass sie was Wichtiges übersehen. Es könnte womöglich zum Tumor gehören und mir Schwierigkeiten bereiten, da sie es nicht behandeln können, falls da was sei, dass sie nicht genau erkennen können.

Auf meinem Zimmer rief ich direkt meine Mutter an, und erzählte ihr alles. Ich wollte absolut nicht so einen blöden Blasenkatheter haben. Die Ärzte und Schwestern hatten nun wirklich genug Möglichkeiten erwischt, um mich nackt zu sehen, aber irgendwann reicht es. Aber irgendwie dachte ich mir dann auch: Hm, was ist wenn genau an der Stelle, wo sie nichts erkennen, wirklich was vom Tumor ist? Was dann? Also sprang ich über meine innere Blockade und ließ mir einen Blasenkatheter legen.

Mir wurde gesagt, es täte nicht weh, solang ich locker bleibe, aber irgendwie empfand ich das anders. Vielleicht war ich nicht locker genug, ich mein, nachdem ich den Katheter in mir hatte, ging ich breitbeiniger denn je. So, nun hatte ich wieder ein Lob eingefangen, da ich wieder mal das tat, was man von mir wollte, obwohl ich selber was dagegen hatte.

Unten bei der Synthegraphie ging es mir nicht so gut und ich legte mich in einem kleinen Raum auf eine Liege. Die erste Zeit war die Psychotherapeutin der Station Ki01, Frau M., noch bei mir. Doch nachher war ich allein, und in meinen Körper liefen 200 ml Kochsalzlösung. Mein Blasenkatheterbeutel war anscheinend zu klein, und sie wechselten ihn aus. Doch kurz darauf funktionierte der Katheter nicht mehr, und meine Blase füllte sich immer mehr und mehr. Ich rief andauernd nach Schwestern, doch niemand kam.

Ich hatte tierische Schmerzen, ich fing an zu heulen, ich konnte nicht mehr und rief weiter. Irgendwann kam dann der Arzt, dem ich mal vorgeworfen hatte, dass er nicht mit Jugendlichen umgehen kann, mit der Schwester. Als sie mich heulend vorfanden, war erst einmal Panik angesagt. Ich wollte, dass sie den Katheter rausziehen, doch der Arzt sagte, dass wir den doch für die Synthegraphie brauchten. So langsam wurde ich sauer. Ich maulte ihn an, dass sie mir sofort den Katheter rausziehen sollten, weil ich sonst vor Schmerzen sterbe. Also taten sie es. Es tat höllisch weh und als der Katheter endlich draußen war, war meine Blase so überfüllt, dass ich bald einen kleinen See unter mir hatte. Zum Glück hatten sie es abgedeckt.

Danach war ich ziemlich erleichtert, doch ich stellte auch schnell fest, dass der Schlamassel noch nicht zu Ende war. Denn irgendwie hatten meine Boxershorts auch etwas abbekommen und da ich auf der Etage 2 war und nichts außer diesen Boxershorts mithatte und die aber vollgepisst waren, blieb mir nichts anderes übrig, als sie wieder anzuziehen und so schnell wie möglich über den Flur an den Patienten vorbei in die Toilette zu gelangen.

Später saßen wir dann im Raum, wo die Synthegraphie gemacht werden sollte. Ich war total am Ende und wollte nicht mehr. Dann kam Schwester Astrid mit neuen Anziehsachen für mich. Sie sagte, wenn ich nicht glaube, dass ich es so schaffe, fünfundvierzig Minuten meine Blase anzuhalten, muss ein neuer Katheter gelegt werden. Ich meine, es ist doch glasklar, dass ich bei 200 ml Kochsalzlösung keine fünfundvierzig Minuten meine Blase anhalten kann. Und einen neuen Katheter? Nein, das wollte ich auf keinem Fall. Wir probierten es also so, und ich hatte es noch so gerade geschafft.

Ich dachte, nun war der ganze Stress umsonst. Ich hatte während der Synthegraphie keinen Katheter, und nun dachte ich, dass sie dann wohl auch nichts erkannt haben werden und ich die ganzen beschissenen Schmerzen umsonst habe über mich ergehen lassen. Aber nein, zu meinem Glück sind die Aufnahmen was geworden. Und von da an habe ich gesagt: einmal und nie wieder.

Das war die schlimmste Untersuchung von allen. Aber die schlimmen Untersuchungen waren ja dann auch abgeschlossen.

Der Schock meines Lebens

Am 15.09.03 war es dann soweit. Der Oberarzt Dr. M. und Dr. Sch. kamen uns besuchen. Anscheinend hatten sie uns was weniger Erfreuliches mitzuteilen. Wie wir kurz darauf erfuhren, war mein Tumor bösartig und nicht, wie erhofft, gutartig. Außerdem war er auch noch inoperabel. Der Tumor liegt um meine Nervenstränge herum im Nackenbereich zwischen dem fünften und sechsten Wirbel.

Wie wir vorher ja festgestellt hatten, hatte ich eine Lähmung im linken Arm, welchen ich nur noch in Brusthöhe hochbekam. Das kam davon, dass der Tumor sich um meine Nervenstränge rum vergrößerte und sie immer mehr einquetschte. Der Tumor nennt sich Rhapdomysarkom, und ist aus nicht entwickeltem embryonalem Muskelgewebe entstanden.

Ich lag total fertig im Bett, und total aufgelöst drückte ich meinen Kopf in mein Kissen. Ich konnte es nicht fassen, es schien vorher alles so gut, keine Merkmale und alle hatten ein gutes Gefühl. Das konnte doch nicht ihr Ernst sein! Nein, das konnte es nicht. Ich wollte nicht mehr zuhören – das war alles zuviel für mich. Doch die Ärzte wollten, dass ich weiter zuhöre, damit ich weiß, was auf mich zukommt. Aber damit war ich nicht einverstanden. Ich war mit meinen Nerven am Ende und dazu meinte Dr. M. auch noch, mich ärgern zu müssen, indem er mich drei- oder viermal „Corinna" nannte.

Bevor mir noch etwas rausrutschte, was ich einem Arzt gegenüber besser nicht erwähnen sollte, lief ich raus in Annes Arme.

Anne, meine Freundin, hatte mich schon von draußen weinen gehört und dachte sich schon, dass was los war. Ich erzählte es ihr und kam nicht mehr aus dem Weinen raus. So fertig hat mich noch nicht einmal Anne in meinem bisherigen Leben gesehen, obwohl sie mich schon in vielen schlimmen Situationen erlebt hat. So schlimm wie diese war zwar bisher keine, aber das hätte ja auch nicht sein müssen. Sie versuchte mich zu beruhigen, doch es war sehr schwer. In diesem Moment gingen mir soo viele Dinge durch den Kopf. All das, was ich nicht wollte, dass es passiert, hatte ich nun in einem Schlag angehängt bekommen.

Frau M., die Psychotherapeutin der Station, kam über den Flur und fragte, was los sei. Ich erzählte es ihr. Sie meinte, dass es mir vielleicht gut täte, wenn ich etwas durchs Krankenhaus gehen würde, auch um meine Umgebung näher kennen zu lernen. Wir sprachen über meine momentane Situation, und über das, was ich fühlte, und das, was Anne fühlte, und wie das in nächster Zeit aussehen würde. Es war schon nicht einfach. Ich bekam zwar das Gespräch zwischen meinen Eltern und Dr. M. nicht mit, aber ich wusste, dass es nicht einfach werden würde. Als ich mich dann beruhigt hatte, gingen wir zurück zu meinen Eltern.

Frau M. wollte auch noch mit ihnen reden. Danach erzählten meine Eltern mir, was Dr. M. noch gesagt hatte. Ich musste so schnell wie möglich mit einer Chemotherapie anfangen, operieren könnten sie nicht, denn dann müssten sie einen Teil meiner Nerven rausschneiden und dann wäre ich mit Sicherheit querschnittsgelähmt. Na ja, und wenn ich mich für nichts entschieden hätte, dann wäre ich gestorben. Also brauchte ich für die Chemo entweder einen Port oder einen Hikman.

Der Port hat den Vorteil, dass man mit ihm duschen kann, das darf man mit dem Hikman nicht. Der Port wird an der Brust einoperiert, und er sieht aus wie so ein Kreis, in den man später hineinstechen muss, um die Chemo durch einen kleinen Schlauch unter der Haut in die Vene zu spritzen.

Der Hikman ist ein Schlauch, der unter die Haut operiert wird und aus der Haut wieder rauskommt, wodurch dann die Chemo gespritzt wird. Ich fand den Port praktischer. Es stand eine 25-Wochen-Chemotherapie an und daher mussten wir so schnell wie möglich damit anfangen.

Nun geht es unters Messer

Am 16.09.2003 kam ich dann in den OP. Es war komisch, so neu für mich. Ich lag auf einem schmalen Tisch, eine Decke über mir, ich hatte nur einen Kittel an und um mich rum eine Menge Geräte, und mehrere Schwestern und einen Arzt. Sie gaben mir eine Vollnarkose, und nach ein paar Sekunden war ich auch schon weg.

Es dauerte nicht sehr lange, dann lag ich auch schon im Aufwachraum. Meine Mutter und Vera standen neben mir. Ich stand beziehungsweise lag noch leicht neben mir und war wie benebelt und fluchte rum. Ich wollte dann endlich auf mein Zimmer, wo Besuch auf mich wartete. Anne und Jens waren auch noch da. Ich war noch ziemlich fertig von der OP und hatte noch genug Narkosemittel in mir, um allen Grund zu haben, müde zu sein.

Meine erste Chemotherapie

Zwei Tage später, am 18.09.2003, haben sie mich auch schon angestochen. Das ist wirklich keine sehr angenehme Sache. Vor allem, dass ich dann die ganze Zeit mit einem Ständer neben mir rumlaufen muss. Daran hängt eine Kochsalzlösung. Darunter ist meine Chemospritze in einem Gerät befestigt, das aufpasst, dass die Chemo gut läuft. Ich kriege in den Tagen sehr viel von dieser Kochsalzlösung und muss daher auch alle 15 Minuten auf die Toilette. Das ist richtig nervig.

Die Chemo fing Donnerstag an und dauerte drei Tage. Ich hatte mir das alles schon schlimm vorgestellt. Wie schlimm das alles ist, hab ich auch sofort gemerkt. Bei meinem ersten Block habe ich vier Tage lang nur gebrochen. Mir war die ganze Zeit kotzeübel und die Krankenschwestern mit ihrem Desinfektionsmittel haben schön dazu beigetragen.

Na ja, ich denke mal, dass sich jeder vorstellen kann, wie „angenehm" das sein muss. Nach der Chemo konnte ich mich dann ausruhen beziehungsweise von meinem ach so schönen Wochenende erholen. Ich bekam dann im Klinikum auch Unterricht. Am Donnerstag habe ich dann noch eine Spritze Vincristin bekommen, damit war der erste Block dann abgeschlossen.

Vor- und Nachteile

Endlich durfte ich nach Hause. Nach drei Wochen im Krankenhaus war das auch mal angebracht. Trotzdem blieben mir Kopfschmerzen nicht erspart. Aber wenigstens zu Hause. Aber leider konnte ich auch zu Hause mein normales Leben nicht weiterführen.

In die Schule darf ich schon mal gar nicht, wegen der hohen Ansteckungsgefahr. Besuchen dürfen mich nur Leute, die kerngesund sind. Sind sie ein bisschen erkältet, aber meine Blutwerte gut, dürfen sie kommen, aber nur mit Mundschutz. Außerdem darf ich nicht in die Nähe von Tieren, Kleinkindern oder in größere Menschenmengen, weil sie Bakterien-Überträger sind.

Ich muss auch jede Menge Medikamente nehmen, ich bin immer müde, und wenn ich mich überanstrenge, bricht mein Kreislauf zusammen, und wenn ich Fieber oder eine Infektion bekomme, muss ich zurück ins Krankenhaus.

Eine weitere Nebenwirkung ist, dass mir die Haare ausfallen werden. Es heißt, dass nicht immer die Haare ausfallen, aber zu 90 Prozent und dass es auch sein kann, das sie erst am Ende der Therapie ausfallen.

Trotz allem hat der Krebs auch einige Vorteile. Durch das Verhalten meiner Mitmenschen, Freunde, Bekannten mir gegenüber kann ich herausfinden, wem wirklich was an mir liegt und wer mit mir befreundet ist oder auf wen ich genauso gut verzichten kann, weil diese Freundschaft nichts taugt. Ich habe rausgefunden, wie viel manchen Leuten an mir liegt, mit denen ich zerstritten war und die sich jetzt wieder vertragen wollten. Aber auch, wie viel den Leuten an mir liegt, die mich und die ich nie leiden konnte. Aber ich habe auch gemerkt, wie wenig scheinheiligen Freunden an mir liegt.

In dieser Zeit jetzt brauche ich meine wahren Freunde umso mehr. Diese sind es, die mich mit meinen Eltern zusammen unterstützen und aufbauen, indem sie mich besuchen, den Kontakt zu mir halten, sich um mich kümmern, sich mit mir auseinandersetzen, mir Mut machen und helfen, dass ich die Zeit jetzt durchstehe, auch wenn es ihnen wegen der ungewohnten Situation und vor allem meinem Aussehen schwer fällt.

Davon abgesehen kriege ich Privatunterricht, weil ich ja nicht in die Schule kann und ja schulpflichtig bin. Im Privatunterricht lerne ich wesentlich mehr als in der Klasse, der Unterricht ist intensiver und wird nicht gestört, und ich werde nicht abgelenkt und muss auch nicht die ganzen Leute ertragen, die ich nicht mag.

Ich habe auch einen Laptop bekommen, damit ich die ganzen Schulsachen auch im Krankenhaus parat habe und weil ich später gerne Webdesignerin werden möchte und dann auch im Krankenhaus weiter an meiner Homepage basteln kann.

Ein weiterer Zusatz ist mein Wasserbett, welches ich wegen meiner Rückenprobleme bekommen habe. Die Sachen verschönern mir die Zeit zumindest. Trotzdem ist das alles nicht angenehm. Es ist teilweise sehr schwierig für mich, denn zwischendurch denke ich dann, ich kann nicht mehr, das ist einfach alles zu viel für mich, ich glaub, ich schaff das nicht! Aber durch irgendetwas oder irgendwen fang ich mich dann auch wieder und sage mir: Ich kämpfe weiter, und das kann ganz schön schwer sein.

Die erste Kontrolle

Am 29.09.03 musste ich wieder ins Krankenhaus, meine Blutwerte überprüfen lassen. Doch wie ich leider erfuhr, waren diese nicht ganz so toll, wie ich es mir erhofft hatte.

Denn meine Leukozyten, die im normalen Zustand über 3000 sind, und die im Ausgangszustand etwas über 2000 waren, sind auf 700 gesunken. Ab 1000 wird es gefährlich wegen der sehr hohen Infektions- (Ansteckungs-)gefahr. Das heißt, ich musste mit Mundschutz rumlaufen, solange ich da war, um auch ja keine Bakterien von anderen abzubekommen.

Das war „net so toll." Aber zum Glück durfte ich danach wieder nach Hause.

Und Tschüss!

Am 30.09.03 merkte ich schon, wie viele Haare mir ausfallen. Ich hatte sie überall. Duschen war zur Qual geworden. Also entschloss ich mich, mir meine Haare kurz zu schneiden, um die Haare, die überall rumfliegen, zu reduzieren.

Ich ging mit meiner Mom ins Bad, nahm mir eine Schere und schnitt querbeet durch meine Haare. Irgendwie hatte es mir Spaß gemacht. Meine Mom war wohl eher entsetzt. Ich war schon traurig, dass sie ab waren, doch irgendwie hatte ich das Gefühl, dass es nicht mehr meine Haare waren. Sie waren so anders, sie waren nicht mehr so weich und hatten nicht mehr den Glanz,

Jenni mit kurzen Haaren – Oktober 2003

den ich an ihnen so schön fand. Na ja, nun war es sowieso zu spät.

Meine Mom schnitt weiter, als ich keine Lust mehr hatte. Doch irgendwie sah das nach nichts aus. Wir fuhren also zu meiner Schwester, welche da noch mal mit dem Rasierer ran sollte. Als sie fertig war, hatte ich meine Haare auf zirka zwei Zentimeter gekürzt.

Als Anne und Thomas J., zwei Freunde von mir, mich später besuchten, waren sie zuerst einmal erschrocken: „Wo sind deine Haare hin?", sah man in ihren Augen. Trotzdem fanden sie, dass es gut aussah. Sie fanden, es stand mir, und meinten, ich solle es doch lassen. Ich selber war mir da aber noch nicht ganz so sicher.

Ein weiterer Tumorverdacht

Am Mittwoch, den 01.10.03 musste ich dann ein MRT von meinem Bein machen lassen, weil die Möglichkeit bestand, dass im Bein auch ein Teil vom Tumor steckt. Um halt einfach sicher zu gehen, standen an diesem Tag noch einige Untersuchungen an. Außerdem waren meine Blutwerte im Keller, und wir mussten die letzte Spritze meines ersten Chemoblocks ausfallen lassen.

Als wir oben auf der Station waren, sahen mich einige Schwestern, und kaum dass Oberschwester Ilona mich gesehen hatte, standen alle um mich rum und betrachteten meine Haare. Ilonas Kommentar dazu war:

Jenni ohne Haare – Oktober 2003

„Jetzt siehst du so frech aus, wie du bist!" Meine Frisur gefiel eigentlich allen. Danach konnte ich dann erst einmal wieder nach Hause, jedoch musste ich am Samstag noch einmal die Blutwerte überprüfen lassen, falls sie noch weiter sinken würden.

02.10.03: Ich konnte einfach nicht anders, sogar die zwei Zentimeter kurzen Haare hatten mich gestört. Zwischen den Haaren hatte ich schon einige kahle Stellen, was für mich ein Grund war, meine Haare nun ganz abzurasieren. Es war zwar was Neues und ein bisschen kühl am Kopf, aber es lässt sich aushalten.

Kurz darauf habe ich dann auch die Ergebnisse vom MRT bekommen. Das Ergebnis war gutartig, das heißt, dass nichts vom Tumor im Bein ist und auch keine weitere Biopsie durchgeführt werden muss.

Der zweite Block meiner Chemotherapie

Am 09.10.03 fing dann der zweite Block der Chemotherapie an. Dieser ging auch über ein paar Tage, die ich stationär im Krankenhaus bleiben musste. Ich hoffte diesmal, dass sich mein Körper schon einigermaßen an die Chemo gewöhnt hatte und daher weniger Nebenwirkungen auftreten. Aber nein, er wollte es mir nicht einfach machen, also hatte ich mal wieder ein richtig schönes gequältes Wochenende. Wenn es schon nicht meinem Körper gut getan hat, hoffte ich, dass es dem Tumor genauso wenig gut geht.

Ich war vier Tage im Krankenhaus, und es war echt nicht schön. Die ganze Zeit brechen müssen ist echt nervig und macht auch keinen Spaß. Zudem haben die Ärzte am Donnerstag zweimal meinen Port falsch angestochen, so dass die Nadel rausrutschte und das ganze Kochsalz zwar in mich, aber nicht in meine Vene reinlief.

Und da ich nach diesen beiden Malen tierische Schmerzen hatte und es mit mir auch kein Verhandeln mehr gab, denn ich wollte nicht mehr, was, denke ich mal, auch verständlich ist, mussten sie mir einen Zugang an der Hand legen. Da die Chemo jedoch ein sehr aggressives Mittel ist, ist meine Vene sehr gereizt gewesen, und tat noch lange weh.

Zu meinem Glück durfte ich, obwohl es mir nicht so perfekt ging, am 12.10.03 wieder nach Hause. Anscheinend ist mir die Heimfahrt nicht so gut bekommen, denn als ich dann vor unserer Haustür stand und meine Oma mich mit einem Lächeln auf dem Gesicht empfing, kotzte ich zur Begrüßung beim Eintreten ins Haus in meine Nierenschale. Ich würde sagen, das ist eine seltene Begrüßung – vielleicht auch etwas unhöflich. Mein Vater bedankte sich aber immerhin, dass ich sein Auto verschont hatte.

War schon alles nicht wirklich schön. Mir ging's echt mies, doch zwischendurch, wenn es mir ziemlich mies ging und ich absolut keinen Bock mehr auf gar nichts hatte, habe ich angefangen zu singen: „Da simmer dabei, das ist priiima, Viva Colonia ..." Auch im Krankenhaus mussten die Schwestern immer anfangen zu lachen, und meine Laune war für eine Weile gerettet. Ich finde, es ist eine gute Möglichkeit, um sich in schlechten Momenten abzulenken und zu sagen: „Scheiß drauf – ich pack das schon". Auf jeden Fall war ich bis Donnerstag erstmal wieder zu Hause.

Endlich noch mal ins Jugendcafé

Was ich sehr schön fand, war, dass ich am Dienstag, den 14.10.03 abends ins Jugendcafé durfte. Es war natürlich eine totale Ausnahme, und ich musste sehr vorsichtig sein, aber ich war tierisch froh, meine Freunde noch mal zu sehen. Schließlich hatten sie mich ja auch nicht alle besucht. Ich schätze mal, dass diese Angst hatten, weil sie nicht wussten, wie sie reagieren, was sie sagen sollen.

Alle waren zuerst natürlich total verblüfft, als sie mich sahen, weil auch alle genau wussten, dass ich es eigentlich nicht darf, daher kamen mir auch schon mal öfters Umarmungen entgegen, die ich leider ablehnen musste wegen meiner Gesundheit und von wegen „Vorsicht". Was wiederum lustig war, war manchen Leuten zu erklären, wer ich eigentlich bin.

Hehe, mich hatten wohl so einige nicht mehr ganz in Erinnerung oder hatten von meiner Krankheit nichts mitbekommen und guckten mich einfach nur verblüfft an. Bis dann die Frage kam: „Wer bist du?". Das zu erklären war gar nicht mal so einfach, weil diese Person zuerst nicht das Vorstellungsvermögen hatte, was benötigt worden wäre. Letztendlich hat er es dann doch noch geschnallt, war aber nach unserem Gespräch nicht weniger geschockt als zuvor.

Erholungspause

Am Donnerstag holte ich mir dann nur meine Vincristin-Spritze im Krankenhaus ab und durfte danach auch sofort wieder gehen.

Jetzt hatte ich bis zum 23.10.03 erst einmal Pause. Ich machte mir schöne Fernsehabende mit meiner Mutter, ging öfters mal gemütlich baden, chattete viel, ab und zu kam mich mal wer besuchen oder rief mich an, und Schule hatte ich ja auch.

So nebenbei war ich derzeit auch verliebt. Ich chattete oder telefonierte ab und zu mit dem Typ, und er wollte mich besuchen kommen, doch ich war mir da nicht so sicher, ob der das auch tun würde, allein schon, weil ich eine Glatze hatte. Na ja, später merkte ich dann, dass ich darauf gar nicht mehr hoffen brauchte, denn er kam sowieso nicht. Ich fand's echt klasse, nun hatte ich 'ne Krankheit, rundum nur Probleme und auch noch Liebeskummer.

Jedoch fand ich „jemand", der mich tröstete und der mich etwas ablenkte. Er wurde mir immer vertrauter, ich hatte ihn im Sommer auch schon einmal im Schwimmbad gesehen und in einem Café. Er sagte auch, er wolle mich besuchen kommen. Jedoch musste ich am 30.10.03 schon wieder ins Krankenhaus und wollte nicht, dass er mich dort besucht. Also kam er am 29.10.03, und er kam wirklich. Ich fand ihn richtig süß, er war supernett, superlieb und voll mein Typ. Ich hatte mich neu verliebt! Sein Name war Thomas Schulze.

Jedoch glaubte ich nicht, dass mich einer mit Glatze und dazu auch noch mit einer Krankheit will. Als wir uns trafen, lief alles ganz anders, als ich gedacht hatte. Anscheinend hatte er auch Gefühle für mich, und daher war das Treffen super gelaufen und wir beide waren zusammen gekommen. Ich war überrascht, dass mich doch jemand mit Glatze will. Aber ich war glücklich, und ich hatte was, worauf ich mich freuen konnte, wenn ich aus dem Krankenhaus wieder zurück war.

Der dritte Block meiner Chemotherapie

Am nächsten Tag begann also der dritte Block, wieder ein Wochenende im Krankenhaus.

Und es war ziemlich voll, wir lagen zu dritt auf einem Zimmer. Es war sehr eng. Zu meinem Pech lag die Chemo auch noch in den Ferien. Wenn die anderen endlich mal Zeit haben, liege ich im Krankenhaus. Sonntag durfte ich aber wieder raus. Wieder ein Teil geschafft, und meine Eltern hatten mich sogar mit meinem Freund zusammen abgeholt.

Nun hatte ich zwei Wochen Ruhe und musste für eine Zeit nur zur Kontrolle zum Klinikum, denn die Woche später sollte ich operiert werden. In den zwei Wochen

Jenni und Thomas im Klinikum – November 2003

habe ich mich öfters mit Freunden getroffen, auch mein Freund war sehr oft bei mir. Es war schön, mal wieder zwei Wochen Pause von allem zu haben.

Zwischendurch erfuhr ich jedoch, dass das mit der OP nichts wird, weil mein Tumor nicht klein genug geworden ist, sodass mich niemand operieren will. Es wäre ein zu schwieriger Eingriff, der mir wahrscheinlich noch nicht einmal helfen würde. Deswegen stand eine neue Chemo an.

Ein Scheißtag

Der 12.11.03 war auch wieder ein Krankenhaus-Besuchstermin, weil ich es ja soo selten besuche. Wir sind morgens um 9:00 Uhr losgefahren und um 10:30 Uhr im Klinikum angekommen.

Als Erstes ging's dann wie immer zur Blutkontrolle. Ich war nicht sehr gut gelaunt, und um meine Laune noch ein Stückchen sinken zu lassen, wurde mir mitgeteilt, dass meine Blutwerte kurz gesagt „echt scheiße" waren. Ich hatte 700 Leukozyten und 'nen niedrigen HB, und niedrige Thrombozyten hatte ich auch. Na ja, mit solchen Werten zur Poliklinik rennen, kann schon nichts Gutes heißen.

In der Poliklinik wurde mir dann ein Zugang fürs MRT gelegt. Wir gingen dann zum MRT, aber es waren noch zwei Patienten vor uns. Ich war schon total fertig und heulte, im Moment war alles einfach aussichtslos.

Ich hatte derzeit eine Pilzinfektion im Mund, die zirka eine Woche zum Abheilen braucht, dann sehr niedrige Werte, Kopfschmerzen und ein schlappes Gefühl. Außerdem wollte mein Freund am Freitag bei mir pennen, aber das konnte ich ja nun knicken, allein schon, weil ich ihn nicht küssen darf, das schaffen wir doch nie im Leben!

Am Sonntag wollten Bekannte kommen. Dazu hatte ich auch meinen Freund eingeladen. Wir wollten ein besonderes Essen machen, aber mit meiner Pilzinfektion war ich ja froh, wenn ich Pudding löffeln konnte.

Nach dem MRT, das eine Stunde gedauert hatte, bekam ich noch etwas gegen die Pilzentzündung. Dann erfuhren wir, dass die Operation in Münster stattfinden sollte. Danach war ich dann ganz fertig, am Ende und zu nichts mehr zu gebrauchen.

Draußen haben wir dann noch Alexandra, Mary und Verena getroffen, Schwesternschülerinnen aus dem Klinikum, die voll cool sind. Ich hatte dann Hunger, aber was konnte ich denn schon essen mit meiner Pilzentzündung? Wir holten uns eine Apfeltasche, die wir im Auto aßen. Doch da ich nicht wirklich was beißen konnte, löffelte ich nur das Apfelmus von innen raus.

Als wir endlich zu Hause ankamen, legte ich mich ins Bett und schlief, bis es was Gescheites zu essen gab, was ich sowieso nicht wirklich essen konnte. Später schrieb ich meinem Freund dann 'ne SMS. Er rief mich an, wir redeten so über meinen Tag. Ich war immer noch total fertig und am nächsten Tag ging's ja auch direkt weiter.

Der Aufstand

Als ich am nächsten Tag aufwachte, hatte ich direkt schon schlechte Laune. Dieser Tag würde auch nicht besser werden!

Es war immer derselbe Ablauf, nur dass meine Leukos diesmal auf 600 waren und der Rest meiner Blutwerte relativ gut. Zumindest gut genug, dass ich nicht dableiben musste. Scheiße war nur, dass ich zum CT musste. Ich mein, gut, das musste ich schon öfters, aber man hatte mich am vorherigen Tag vorgewarnt, dass es sein könnte, dass ich Kontrastmittel – aus welchem Grund auch immer – trinken müsste. Und das hatte ich im Hinterkopf. Ich hatte am 12.11.03 schon einen riesigen Aufstand gemacht, dass ich das Zeug nicht trinken will, ob es mir was nützte oder nicht.

Und es nützte mir definitiv nichts, denn als wir zum CT kamen, wurden mir zwei Riesenbecher mit Wasser-Kontrastmittel-Mischung vorgesetzt. Ich bin total ausgeflippt. Ich wollte den Scheiß absolut nicht trinken, ich war in keiner Weise bereit dazu. Ich hatte rumpalavert, rumgebrüllt, geheult, so gesehen einen Riesenterz veranstaltet. Aber ohne das konnten sie kein CT machen. Ich hatte eine Stunde Zeit, um die zwei Becher zu trinken. Ich war total mutlos, hatte sozusagen aufgegeben. Ich wollte einfach nicht mehr. Es hatte zirka 20 Minuten gedauert, bis meine Mutter mich wieder zur Vernunft gebracht hatte. Schließlich habe ich dann doch den Großteil des Kontrastmittels getrunken, und das CT ist gut verlaufen.

Eine neue Chemotherapie

Am 27.11.03 musste ich also wieder einmal ins Krankenhaus, doch leider hatte ich das mit dem Urinsammeln am vorherigen Tag nicht so ganz auf die Reihe bekommen, daher musste ich von Donnerstag auf Freitag erst einmal Urin sammeln, was bedeutete, dass ich einen Tag länger bleiben musste, sie brauchten ihn, um meine Chemodosis einstimmen zu können.

Ich war wie immer natürlich sehr begeistert, doch ich hatte es mir ja selber zuzuschreiben. Am Freitag hatte ich um 14:00 Uhr meine Chemo bekommen. Jede Spritze läuft vierundzwanzig Stunden, weil sie so hoch dosiert ist. Meine Schmerzen am Hals waren wieder aufgetreten, und wir erhofften uns von der Chemo, dass diese dadurch auch wieder verschwinden. Mir ging es so weit gut, abgesehen von meiner schlechten Laune und ein paar Unstimmigkeiten mit meiner Nachbarin, wegen des Fernsehers und den Schlafzeiten.

Ich dachte, diese Chemo wäre besser als die davor, denn ich hatte bisher noch keinmal erbrochen. Am Sonntag jedoch wurde mir gezeigt, dass ich diese Chemo vielleicht doch ein wenig zu leicht eingeschätzt hatte, denn, wie ich es ja schon gewohnt war, musste ich brechen. Ich meine, so unpraktisch war das gar nicht, denn ich hatte gerade Deutsch, und nach Deutsch war mir wirklich nicht, eigentlich wollte ich gerade schlafen.

Na ja, somit war der Deutschunterricht dann für heute auch erledigt, jedoch war mein Selbstbewusstsein angeknackst und mein Mut untergebuttert, denn die Chemo hatte mich in diesem Fall enttäuscht. Ich hoffe, dass sie mich wenigstens in Bezug auf den Tumor glücklich macht.

Na ja, wie auch immer, seitdem war mir nur noch schlecht und so langsam konnte und wollte ich nicht mehr. Ich war deprimiert, weil die Chemo nicht so war, wie ich es wollte oder dachte, und dann, weil ich erst Mittwoch nach Hause durfte und nicht Dienstag, wie ich gehofft hatte. Ich war fix und alle und heulte mich bei Verena aus.

Am Mittwoch wurde uns mitgeteilt, dass, wenn diese Chemo denn nun gut anschlägt, meine nächste Chemodosis erhöht werden soll, und zwar so hoch, dass mein Knochenmark davon kaputt geht, was wiederum dazu führen könnte, dass ich sterbe, wenn ich dann keine Knochenmarktransplantation bekomme. Da wir das ja alle nicht wollen, sollten Stammzellen bei mir gesammelt werden. Dafür musste ich mir jeden Tag selbst zwei Spritzen in den Bauch setzen, in jeweils einem Abstand von zwölf Stunden.

Am 04.12.03 habe ich abends mit der ersten Spritze angefangen. Diese Neupogen-Spritzen musste ich mir dann weiterhin abends und morgens spritzen.

Einmal kostenlos Werte aufpuschen

Am 09.12.03 mussten wir zu einer üblichen Blutkontrolle, welche mir jedoch überhaupt net gefiel. Ich musste wegen meiner zu niedrigen Thrombozyten im Krankenhaus bleiben. Mein Mut und Kampfgeist waren irgendwie verschwunden. Darin, dass ich hier bleiben musste, hatte ich überhaupt nichts Gutes mehr gesehen – aber das war ja schon eine Weile so.

Zur Krönung kam dann noch dazu, dass ich wieder zu L. ins Zimmer musste. Bei ihr war ich auch schon während der letzten Chemo. Ich hatte so nichts gegen sie, sie war ein nettes Mädchen, doch leider erst zwölf Jahre alt und wollte daher auch dem Alter entsprechende Fernsehsendungen sehen und auch nicht so lange aufbleiben wie ich, außerdem schlief die Mutter von ihr im selben Zimmer und sie hat fürchterlich geschnarcht. Also gute Aussichten für schlechte Laune. Nun ja, konnte man nichts dran ändern. Alle Zimmer waren an diesem Tag mit drei Betten belegt und nur L. lag noch allein, und das auch nur, weil sie isoliert war.

Na ja, nun sah ich schon mal, wie man sich wohl fühlt, wenn man isoliert ist, schließlich steht mir das ja auch noch bevor. Ich war an diesem Tag ziemlich kaputt, denn bevor wir zu L. ins Zimmer kamen, mussten·wir eine Weile im Flur sitzen. Ich wollte dann später noch mit Mama auf Flur C gehen, um aus den Fenstern zu schauen, denn abends ist da eine sehr schöne Aussicht.

Aber es war Mama zu kriminell, noch mit mir rauszugehen, denn ich war so kaputt, dass sie meinte, ich solle mich doch besser hinlegen. Na ja, da ich kein Internet hatte und sowieso fix und alle war, bin ich dann, so wie L. und ihre Mutter auch, um 19:30 Uhr pennen gegangen.

Vorher wurde mir jedoch noch ein Zugang gelegt, obwohl Fr. Dr. J. meinte, dass ich nicht angeschlossen werden brauche. Was sie da jedoch auch nicht beachtet hatte, war, dass mir meine Neupogen-Spritze über einen Zugang gegeben werden musste, weil meine zu niedrigen Thrombos sonst einen riesigen blauen Fleck verursachen würden. Na ja, alles in allem war's scheiße! Nach der einen Nacht, in der ich mich mindestens dreißigmal gedreht habe, hatte ich saumäßige Rückenschmerzen.

Zu meinem Glück jedoch, konnte ich am nächsten Tag schon wieder nach Hause. Das war auch besser so, weil unser Zimmer nun auch überfüllt wurde. Ulrike war wieder da und sogar auf meinem Zimmer! Doch da L. und ich ja gingen, war nachher auch wieder etwas mehr Platz. Was mir nur Sorgen machte, war, dass mich Simon besuchen wollte, doch ich konnte ja nach Hause. Wir waren gerade beim Packen, und ich war ins Behandlungszimmer gegangen, um mir meinen Zugang ziehen zu lassen, da kam Simon vorbei. Wir redeten noch eine Weile, zwar nicht lange, weil meine Eltern und auch ich ja nach Hause wollten, aber wenigstens war er nicht umsonst gekommen.

Die Stammzellensammlung

Am Freitag, den 12.12.03 war ich mal wieder zu einer Blutkontrolle und zu einem Gespräch mit den Ärzten, die die Stammzellen sammeln wollten. Als dann alle Ärzte da waren, erklärten sie uns einiges dazu. Außerdem bemerkten sie, dass meine Werte schon wieder stiegen. Wenn meine Werte steigen, und es sah tatsächlich so aus, musste ich im Krankenhaus bleiben. Das wäre tierisch unpraktisch, da alle ihr freies Wochenende hatten, auf Weihnachtsfeiern eingeladen waren und ich mit Verena und Mary verabredet war.

Na ja, also hatten sie mich einquartiert und ich hatte ein Zimmer für mich alleine! Es konnte jeden Tag losgehen mit der Stammzellensammlung. Da ich so oder so da war, wollte ich auch, dass es schnell passierte. Wegen meiner niedrigen HB-Werte bekam ich noch eine Blutauftransfusion. Ich wartete das ganze Wochenende auf die Stammzellensammlung, doch es waren einfach noch zu wenige Zellen im Blut.

Am Dienstag war es dann endlich soweit. Um 7:00 Uhr morgens wurde ich geweckt. Ich bekam noch ein Thrombozyten-Konzentrat, und danach ging's runter in den Aufwachraum. Ich sollte dort einen dicken Katheter mit zwei Anschlüssen eingebaut bekommen. Ich wollte Vollnarkose, doch die bekam ich nicht, weil ich dafür in einen OP-Saal gemusst hätte und der ganze Aufwand mit Umziehen, Desinfizieren und all dem Kram zu groß gewesen wäre. Also musste ich das so durchstehen. Meine Mutter war auch bei mir.

Sie desinfizierten mein Bein mit etwas, wovon mein Bein ganz orange geworden war. Trotz der örtlichen Betäubung tat es sehr weh. Ich war sehr froh, als das vorbei war. Der ganze Vorgang wurde in meinem Bett gemacht. Als ich dann wieder nach oben auf mein Zimmer geschoben wurde und auf Klo gehen wollte, war das ein ganz komisches Gefühl. Ich hatte Angst, dass es weh tut und konnte daher nicht richtig gehen.

Als ich in mein Zimmer kam, waren schon jede Menge Ärzte mit einer großen Maschine da. Sie machten alles bereit für mich. Als ich dann wieder im Bett lag, frühstückte ich, während die Ärzte mich an der Maschine befestigten. Sie befestigten zwei Schläuche an mir. Einen, mit dem sie mein Blut abzogen und einen, um es mit Calcium zurückzugeben. Über einen Zugang am Arm habe ich auch noch etwas bekommen, weil mir schlecht geworden war. Ich hatte Glück, denn die meiste Zeit hatte ich schlafen können.

Eine Stammzellensammlung ist sehr anstrengend, und sie geht meist über drei bis vier Stunden; Stunden, in denen man nicht aufstehen darf und kann und nur im Bett bleiben muss. Also auch nix da mit Toilette oder so. Und mein Bein, in dem der Zugang drin war, durfte ich auch nicht bewegen, weil die Maschine sonst Alarm schlug. Der Zugang ging dreißig Zentimeter unter die Haut in mich rein. Nachdem wir zwei Sitzungen gemacht hatten, wurde mein Zugang um 20:00 Uhr gezogen. Das war das, was am meisten wehtat.

Ich hatte schon viele Zugänge, aber keinen der so dick und so lang war. Und es tat wirklich tierisch weh, als der rausgezogen wurde. Es ist komisch, denn ich habe erst angefangen zu weinen, nachdem er raus war. Wahrscheinlich aus Erleichterung, vermutete meine Mutter.

Am nächsten Tag wurde uns dann mitgeteilt, dass wir mehr als genug Stammzellen gesammelt hatten und daher nicht noch eine Sammlung machen müssten. Es war wieder eine harte Prüfung, eine der schlimmsten Sachen, die ich mitgemacht habe. Am Donnerstag, den 18.12.03 durfte ich dann wieder nach Hause und ich war froh, dass ich das alles nun auch endlich geschafft hatte.

Angst um Weihnachten

Weihnachten und Silvester standen vor der Tür und ich hatte nicht vor, es im Krankenhaus zu feiern. Deswegen hatte ich ursprünglich gefragt, ob ich nicht noch schnell eine Chemo machen könnte, damit ich dann zu Hause bin. Doch das klappte von der Zeit her und von meinen Werten her nicht mehr.

Am Montag, den 22.12.03 fuhren wir also wieder zum Krankenhaus, um zu fragen, wie es jetzt weitergeht. Die Ärzte sagten, dass es ihnen allen natürlich am Herzen liegt, dass die Kinder soweit wie es geht, über Weihnachten nach Hause können. Deswegen bekam ich eine Tabletten-Chemo für zu Hause. Ich musste mir einen Tag in der Woche aussuchen, an dem ich zum Krankenhaus fahre und mir eine Spritze abhole. Wir nahmen Dienstag. Die Tabletten-Chemo ging über drei Wochen.

Also konnte ich Weihnachten und auch Silvester zu Hause feiern! Wir mussten uns nur jeden Dienstag eine Spritze abholen. Nach dem Krankenhaus fuhren wir nach Hause und mit meiner Oma dann zu meiner Schwester Bianca, denn ihr Mann Stefan hatte Geburtstag, und da muss man ja auch mal gratulieren gehen, obwohl es ja kurz vor Weihnachten ziemlich unpraktisch ist. Dann muss man ja auch noch zwei Geschenke kaufen und da mir für Weihnachten sowieso nicht wirklich was einfiel, ließ ich den Geburtstag ganz aus.

Einen Tag vor Weihnachten fuhren wir dann wieder mal zum Krankenhaus. Ich holte mir die Spritze ab und ging dann rauf auf die Station, um noch ein paar kleine Geschenke an die Schwestern und die Ärzte, außerdem an Mary, Verena und Alex zu verteilen. Alle freuten sich sehr. Zu Hause verpackte ich dann noch ein paar Geschenke und fertig war ich für Weihnachten. Ich freute mich sehr darauf. Vom nächsten Morgen an bis zum Abend war es eigentlich ziemlich langweilig wie jedes Jahr, niemand hat Zeit, alle haben viel zu tun und wollen später einfach ihre Ruhe haben.

Am Abend war es dann endlich soweit! Meine Schwester, ihr Mann Stefan und ihre Tochter Romina kamen zu uns. Ich hatte mich in der Zeit etwas verkalkuliert und machte mich schnell fertig. Stefan, Dad und Omi gingen in die Kirche, und Mom, Bianca, Romina und ich guckten noch etwas fern.

Ich hatte ein schwarzes Kleid an, was oben zwei Spaghettiträger hatte und eine Brosche am linken Träger. Dazu hatte ich Mamas Schuhe mit Absätzen an, die mir ein kleines Stück zu groß waren.

Als die Männer und Omi dann aus der Kirche kamen, gab es was zu Essen. Es gab das, was es schon seit vielen Jahren zu Weihnachten gibt, nämlich Kroketten und Erbsen und Möhrchen, Hähnchenfilet, Spargel in einer Auflaufform mit einer leckeren Soße und Käse überbacken. Das wünschen wir uns jedes Jahr. Danach gab es viele verschiedene Eissorten mit Erdbeercreme geschlagen. Es war lecker wie immer. Danach gingen wir zu Omi ins Wohnzimmer und packten dort die Geschenke aus.

Meine Omi hatte eigentlich auch jedes Jahr dasselbe: einen Briefumschlag mit Geld und irgendwas zu Essen, und für die Älteren 'ne Flasche zu Trinken. Na ja, gut, ich mein, besser, als wenn sie nachher was holt, was dann falsch ist. Da find ich Geld schon gut.

Danach sind wir dann in den Wintergarten gegangen. Für Romina war das alles ganz neu. Ich würde sagen, dass sie das dieses Weihnachten erst so richtig mitbekommen hat. Jeder hat eine Menge bekommen, obwohl gar nicht so viel geschenkt werden sollte. Weihnachten war schon cool und ich war froh, dass ich zu Hause war.

Jenni – Weihnachten 2003

Full House und endlich wieder FUN!

Die Tage darauf hatte ich volles Programm. Donnerstag hat Nina bei mir gepennt, am Freitag und Samstag mein Schatz und von Sonntag auf Montag Vera. Kurz gesagt, es war immer wer da und meistens auch mehrere auf einmal. Dafür, dass ich so eigentlich nicht viel unternehmen kann, war das Wochenende sehr ausgeschmückt.

Am Dienstag ging's dann noch weiter. Ich war zuerst einmal im Krankenhaus, und da ich mit meinem Freund nicht so ganz einig war, wie wir das mit Silvester machen sollten, schlief er am Dienstag bei mir, sollte am Mittwoch bis 13:30 Uhr bleiben und dann zu seinen Freunden fahren.

Am Mittwoch machten wir uns dann Gedanken, was wir den Abend so machen sollten. Uns fiel aber nicht so wirklich viel ein. Gegen 20:00 Uhr kamen dann Vera und ihr damaliger Freund Mike. Wir haben dann als Erstes Abendbrot gegessen und dann Musik angemacht und ein paar Spiele gezockt. Wir haben viel gelacht, es war echt cool. Um Mitternacht haben wir dann alle zusammen angestoßen. Und mein Schatz hat noch einmal bei mir gepennt, weil sein Taxi nicht kam, logischerweise, und er keine andere Möglichkeit hatte, zu seinen Freunden zu kommen. Das Silvester war im Gegensatz zum letzten Jahr, an dem ich gar nichts gemacht hatte, echt cool.

Voll daneben

Am 06.01.04 habe ich mir dann meine letzte Spritze geholt, welche leider falsch gespritzt worden war, so dass es tierisch gebrannt hatte und ich drei Wochen lang einen Verband um die Hand hatte.

Die Chemo war wohl daneben gelaufen, und der Arzt wollte mir nicht glauben. Da hatte ich also den Salat. Außerdem wurde uns an dem Tag noch gesagt, dass ich Montag stationär dableiben muss, weil ich Dienstag operiert werden sollte. Wir waren überrascht und froh zugleich, weil es endlich weiter ging.

Die OP

Montag, den 12.01.04 war es soweit. Ich musste ins Krankenhaus, weil Dienstag die OP stattfinden sollte. Als wir im Krankenhaus ankamen und ich auf Zimmer 7 zu Ulrike kam, packten wir erst einmal unsere Sachen aus und warteten auf das Vorgespräch für die OP.

Wir warteten eine ganze Weile, und als dann die Visite kam, wurde uns mitgeteilt, dass ich wegen eines Notfalls, der dazwischen gekommen war, erst am Mittwoch dran komme. War schon irgendwie scheiße, dann auch noch zwei Tage vorher im Krankenhaus zu sein und zu warten, bis es denn endlich so weit sein würde. Ich wurde gewogen und gemessen, und wir warteten immer noch auf das Vorgespräch.

Wir mussten dann auf eine andere Etage fahren, um ein Gespräch mit einer Ärztin zu führen, welche uns einen Bogen für die Vollnarkose ausfüllen ließ. Als wir dann nach dem Gespräch wieder zurück auf dem Zimmer waren, wurde uns gesagt, dass wir noch einmal nach Hause dürften, weil ich ja nicht unnötig im Krankenhaus bleiben müsse. Unseren Koffer konnten wir im Schrank lassen, und das Bett am Fenster wollten sie mir auch freihalten.

Jetzt mussten wir nur noch auf das Gespräch mit den Ärzten vom OP warten. Es dauerte eine ganze Weile, ehe sie Zeit für uns fanden. Sie erklärten uns die Situation und die ganzen Nebenwirkungen, die eventuell bei der OP auftreten könnten. Jede OP hat ein Risiko und auch jede Vollnarkose. Aber wir wollten ja diese OP. Am Abend fuhren wir dann wieder nach Hause.

Zu Hause wunderten sich alle, wieso ich denn wieder zurück sei, aber da war nun mal nichts dran zu ändern. Am Dienstag fuhren wir gegen 14:30 Uhr wieder zum Krankenhaus, da wir um 16:00 Uhr da sein sollten, damit Frau Dr. J. mir noch einen Zugang legen konnte. Das war der erste Krankenhausaufenthalt, den ich nicht als soo schlimm empfand.

Als ich auf mein Zimmer kam, lag Kathrin neben mir. Jedoch hatte ich das Bett am Fenster, wie es mir versprochen worden war. Am nächsten Morgen um 8:00 Uhr sollte ich dran sein, wenn kein Notfall dazwischen kommt. Ich sollte um 7:00 Uhr geweckt werden. In der Nacht träumte ich, dass es schon Morgen wäre und sie vergessen haben, mich zu wecken, und ich ewig lange mit meinen Eltern darauf gewartet habe, dass ich endlich in den OP-Saal geschoben werde.

Als ich aufwachte, schaute ich auf die Uhr. Es war 7:45 Uhr. Ich wunderte mich, wieso mich keiner geweckt hatte. Ich stand auf und fragte Schwester Silvia, wieso mich keiner geweckt hatte, ich sollte doch schon um 7:30 Uhr runtergeschoben werden. Silvia wusste jedoch von nichts. Sie meinte, dass die vom OP anrufen würden, wenn ich runter sollte.

Also war ein Notfall dazwischengekommen. Na toll, dachte ich mir. Ich wollte doch, dass schnell alles vorbei war, auf Warten hatte ich nun gar keine Lust. Ich war sehr unruhig und fragte jeden, der in mein Zimmer kam, ob es was Neues gäbe. Doch es war nichts zu machen. Erst um 12:30 Uhr kam Ina – eine Schwesternschülerin, mit einer Beruhigungstablette. Ich war froh, denn es hatte zu bedeuten, dass ich bald dran bin. Ich hatte auch schon ein Band mit meinem Namen und der Station um meinen Arm, um nicht verwechselt werden zu können.

Um 13:00 Uhr wurde ich dann endlich in den OP-Saal geschoben. Im OP-Saal redete ich mit den Ärzten, ob sie von der OP nicht ein paar Bilder machen könnten. Ich wollte Bilder von mir, wie ich da liege, von der Wunde, wo sie operieren und von den Geräten. Sie sagten, dass sie eine Digicam hätten und mir Fotos machen können, ich würde sie dann später auf eine Diskette bekommen.

Kurz darauf wurde mir Narkosemittel gegeben, und ich war weg. Um 15:00 Uhr waren sie mit der OP und mit dem Bestrahlen fertig und ich wurde in den Aufwachraum geschoben. Um 16:00 Uhr musste ich auch schon auf die Toilette, was ein bisschen Stress gab. Die Schwester wusste nicht, ob ich schon aufstehen darf, und auf die Bettpfanne wollte ich nicht. Ich heulte und meckerte, außerdem erzählte ich, obwohl ich ziemlich heiser war, und gar nicht wirklich etwas sagen konnte. Ich hatte auch Halsschmerzen und Schlucken tat sehr weh.

Die Schwester erkundigte sich bei den Neurochirurgen, ob ich schon aufstehen dürfe. Sie sagten, ich darf mit Hilfe zweier Schwestern und ich müsse meinen Kopf ruhig und gerade halten. Es war etwas kompliziert, mein Kreislauf war zum Glück schon stabil, und es ging einigermaßen gut. Um halb sechs durfte ich dann wieder auf die Station, aber ich durfte nicht aufstehen. Ich hatte den ganzen Tag noch nichts gegessen, und Durst hatte ich auch.

Oben wurde mir eine Infusion angehängt, da ich noch nicht wirklich essen und trinken konnte. Da ich am rechten Arm, an der Innenseite vom Ellenbogen, einen Zugang hatte und ich deshalb meinen Arm nicht knicken konnte und mein linker Arm noch gelähmt war, mussten die Schwestern oder Schülerinnen mich füttern, mir zu trinken geben und mit mir auf die Toilette gehen. Es war nicht so toll, ich bin nicht gerne von anderen abhängig.

Ich lasse mich zwar gerne mal verwöhnen, aber nicht in allem und nicht die ganze Zeit, das gefiel mir gar nicht.

Die Nacht war schrecklich. Wegen der Infusion musste ich die ganze Zeit auf die Toilette, und ich konnte nicht ohne Schmerzen im Bett liegen.

Nach der OP

Am Donnerstagmorgen war ich wieder sehr früh wach. Ich wusste selbst nicht, warum, aber ich war froh, dass ich die Nacht überstanden hatte. Den Morgen bin ich schon über den Flur gelaufen, und gegen Mittag konnte ich schon wieder reden. Meine Schluckbeschwerden waren schon ein kleines Stück besser, und essen und trinken konnte ich auch schon wieder. Meine Infusion brauchte ich daher nicht mehr. Mir ging es schon wesentlich besser.

Gegen Nachmittag bekam ich schon Besuch. Kathrin und ihre Mutter waren ambulant da und kamen kurz bei mir an. Sie schenkten mir ein Buch. Kurz darauf kam die Mutter von Nicole. Sie mussten auch bleiben, weil Nicole schlechte Werte hatte. Ich hatte sie schon mit ihrem Vater gesehen.

Mein Freund und meine Mutter kamen dann auch noch, und ich wusste schon gar nicht mehr, mit wem ich zuerst reden sollte. Doch Kathrin, ihre Mutter und Nicoles Mutter verschwanden später wieder. Später besuchten mich dann noch Maria und Alex, die aber auch nicht allzu lange blieben. Mom hatte mir und meinem Schatz Nudelsalat mitgebracht, den wir auch gegessen haben. Nachher bin ich mit meinem Schatz etwas über den Flur C gegangen, wo wir auch noch Andrea, eine ehemalige Schwesternschülerin von meiner Station, trafen.

Ich hatte also an diesem Tag viel Besuch. Zu guter Letzt kam noch der Doktor, der mit uns das Aufklärungsgespräch über die OP geführt hatte, und sagte uns, dass die OP sehr gut verlaufen wäre. Sie haben Tumor in der Größe von drei Zuckerwürfeln entfernen können und mit der Bestrahlung waren auch alle sehr zufrieden. Jedoch ist der größte Teil des Tumors noch in mir. Aber sobald die Wunde verheilt ist, fange ich ja mit der Bestrahlung an.

Ich fragte den Doc noch, wann ich denn nach Hause dürfte und zu unserer Verwunderung sagte er, dass die Chirurgen morgen mein Pflaster wechseln wollen, und wenn dort alles okay ist, dürfte ich von ihnen aus nach Hause, falls die Ärzte von der Station nichts dagegen haben. Ich hatte mich superdoll gefreut! Ich bin davon ausgegangen, dass ich ein bis zwei Wochen bestimmt dableiben muss.

Am nächsten Tag wartete ich auf die Visite. Morgens wurde mir der Zugang rausgezogen, und von da an konnte ich wieder alles selber machen. Beim Waschen brauchte ich zwar noch ein bisschen Hilfe, aber das war nicht weiter schlimm. Ich wurde später sehr gelobt, dass ich alles, was ich konnte, immer versucht hatte selber zu machen, dass ich mich aufgerappelt und nicht hängen gelassen habe und ich so schnell wieder fit war, dass ich versucht habe, mich zu bewegen, um damit meinen Kreislauf in Gang zu bringen.

Die Visite sagte, wenn meine Wunde okay ist, darf ich nach Hause. Ich wartete also auf Mom und auf die Neurochirurgen, die mir mein Pflaster wechseln wollten. Um 13:00 Uhr kam meine Mutter. Die Station wurde immer voller. Es wurde Grundreinigung gemacht, und daher konnten einige Zimmer noch nicht benutzt werden, deswegen waren fast überall 3er-Zimmer. Heute sollten noch vier neue Kinder kommen. Ein Kleinkind kam noch auf unser Zimmer, aber ich durfte ja zum Glück nach Hause.

Gegen 15:00 Uhr wechselte dann Frau Dr. J. mein Pflaster, weil die Neurochirurgen einfach nicht kamen. Es war zurzeit sehr stressig auf der Station. Frau Dr. J. sagte zu uns, dass noch ein Gespräch wegen der Bestrahlung stattfinden sollte und wir sollten doch noch bis 17:00 Uhr warten. Wenn dann keiner mehr kommt, dürften wir nach Hause. Uns war klar, dass keiner mehr kam und wir überredeten sie, uns um halb fünf gehen zu lassen.

Ich war sehr froh, endlich raus zu kommen. Ich verabschiedete mich noch von Kathrin, die mittlerweile auf Zimmer 3 lag, weil Zimmer 7 für ein isoliertes Kind freigeräumt werden musste, und ab ging es nach Hause. Mom erzählte mir, dass Dad erst gar nicht glauben wollte, dass ich nach Hause darf, aber zu Hause angekommen, sah er ja, dass es stimmt.

Neuigkeiten

Am 19.01.04 musste ich zur Kontrolle und zum Pflasterwechsel wieder zum Krankenhaus. Ich war auf jeden Fall froh, dass ich das Wochenende zu Hause verbringen konnte. Es war zwar etwas schwierig, im Wasserbett fernzusehen, und da am Samstag mein Freund bei mir übernachtet hatte, war es ebenfalls kompliziert, mit ihm ein Bett zu teilen, da ich nie lange auf einer Stelle liegen konnte.

Na ja, auch das haben wir geschafft. Mittlerweile kann ich ja auch schon besser liegen, vor allem, nachdem endlich mein Pflaster gewechselt wurde. Montag haben wir dann auch die Termine für mein CT, die Maske zum Bestrahlen und den ersten Bestrahlungstermin ausgemacht. Ansonsten war nichts, außer, dass ich ein paar Beschwerden hatte, die ich nicht so ernst genommen hatte, was sich noch als falsch erwies.

Der Horrortag

Am 20.01.04, einen Tag später, war es mal wieder soweit. Alles lief schief! Ich hatte keinen Stuhlgang und beim Wasserlassen tat es in meinem Intimbereich immer mehr weh. Wir waren den Tag zuvor ja schon einmal im Krankenhaus und ich wurde auch gefragt, ob ich denn einen Pilz hätte, aber ich sagte: „Nein, nein da ist nichts."

Mittlerweile tat es aber schlimmer weh, und ich sagte zu meiner Mutter, sie sollte mal anrufen. Wir hatten den Verdacht auf eine Blasenentzündung. Die Ärzte sagten meiner Mom, dass wir nach Aachen fahren sollen. Klasse!

Meine Mutter hatte noch irrsinnig viel zu tun, sie fand es gar nicht so toll, und da auf der Station schon alle frei hatten, mussten wir in die Ambulanz. Um 16:00 Uhr stiegen wir also ins Auto und ab nach Aachen. Wir unterhielten uns zeitweise darüber, wovon ich das denn haben könnte. Wir kamen aber auf jede Menge Lösungen, deswegen half uns das nicht weiter.

Als wir endlich um 17:00 Uhr in Aachen angekommen waren, musste ich dringend auf die Toilette. Wir also schnell runter in die Ambulanz und uns anmelden. Ich suchte mir in der Zeit eine Toilette, war auch sehr schnell fündig geworden, jedoch entsprach die Toilette nicht ganz meiner Vorstellung.

Es war keine Toilette mit einer Glastür. Nein, es war

eine ganz dicke Tür, die nur sehr schwer auf und zu ging. Drinnen war es ziemlich dunkel, das Licht war nicht das tollste. Außerdem waren die Wände und alles, was da noch so war, giftgrün und die Toilettentüre war mit so einem komischen Drehknopf, den man einmal ganz rumdrehen muss, damit die Türe zugeht.

Das war mir zu blöd, also bin ich zurück zu meiner Mutter gegangen. Da ich aber immer noch dringend musste und meine Mom sich immer noch nicht angemeldet hatte, beschloss ich, die nächstliegende Toilette aufzusuchen, die sich noch hier befand. Ich ging in den nächsten Flur, aber dort war keine, dann ging ich weiter geradeaus durch eine lange Wartezone und kam wieder an eine Kreuzung. Dort ging ich dann links und fand schließlich eine Toilette, mit einer Glastüre. Jedoch kam es mir ein bisschen komisch vor. Die linke Toilette ging nicht auf, obwohl keiner drin war und bei der rechten war die Klinke schief und locker.

Na ja, dachte ich mir, irgendwann ist Schluss und da ich aufs Klo muss, geh ich jetzt auch! Ich ging also rein und schloss ab. Es war wieder ein Drehverschluss, der ganz rumgedreht werden musste. Als ich dann wieder rausgehen wollte und den Verschluss wieder rumdrehte, ging die Tür aber nicht mehr auf. Ich drehte in alle Richtungen, doch es ging nicht. Ich dachte mir: Scheiße, was nun?

Meine Mutter hatte nicht gesehen, wohin ich gegangen war, und sonst hatte mich auch niemand gesehen, außer einem Pärchen das in der Wartezone saß. Ich fing an zu rufen. Doch mich hörte keiner. Es war auch irgendwie logisch, dass mich durch zwei Türen keiner mitten in der Wartezone hören würde. In der Toilette waren zwei Schalter, um die Schwestern zu rufen. Ich drückte einen und wartete und hämmerte wie verrückt gegen die Türe.

Es war schrecklich, ich hasse die Farbe Grün und die ganze Toilette war giftgrün gestrichen. Es wurde kein Fleck ausgelassen, und oben, wie es Toiletten normalerweise haben, war kein Schlitz, sondern alles war zu, die Luft war schrecklich. Als nach fünf Minuten niemand kam, drückte ich wieder und diesmal beide Schwestern-Klingeln, hämmerte mit aller Wucht gegen die Tür, und schrie, dass mir mein Hals wehtat. Außerdem fing ich an, zu weinen. Ich war total fertig. Meine Mutter wartete auf mich, wusste nicht, wo ich war, und ich wusste nicht, ob mich überhaupt jemand hören würde.

Zu meinem Glück kamen dann nach weiteren fünf Minuten zwei Schwestern. Sie fragten mich, was denn los wäre und ob bei mir alles okay sei. Ich antwortete: „Ja, aber ich komm hier nicht mehr raus, ich kriege die Tür nicht auf!" Sie sagten, ich solle mich beruhigen, sie versuchten, sie zu öffnen. Die eine Schwester schaffte es nicht und sagte: „Warte, wir müssen jemanden holen", doch die andere versuchte es noch einmal und die Tür ging auf.

Ich sah schrecklich aus, total fertig und verheult. Als ob der Tag noch nicht schlimm genug gewesen wäre! Ich ging zurück zu meiner Mutter, sie hatte sich schon Sorgen gemacht. Nun saßen wir erst einmal lange im Wartezimmer. Als wir dann endlich dran kamen, wollte der Arzt zuerst ein paar Details wissen. Er versuchte dann bei den Gynäkologen eine Frau zu erreichen. Doch leider hatten nur drei Männer Dienst. Ich wollte nicht von einem Mann untersucht werden, doch da es hätte sein können, dass es dann schlimmer würde, habe ich mir es noch einmal anders überlegt.

Ich musste dann eine Urinprobe abgeben, und dann setzten wir uns in den Wartebereich der Gynäkologie und des Kreißsaals. Als dann der Arzt kam, sollte ich mich auf den Stuhl setzen, doch auch da wollte ich partout nicht drauf. Also musste er mich auf der Liege untersuchen. Er fand dann raus, dass ich doch einen Pilz habe. Ich bekam Salbe und Scheidenzäpfchen, damit sollte das weggehen. Wir gingen also zurück zum Kinderarzt und warteten da auf ihn. Er verschrieb mir ein Rezept, und wir fuhren nach Hause.

Wir mussten aber vorher noch zur Apotheke, sodass wir dann um 20:45 Uhr endlich zu Hause waren. Meine Mutter sagte noch zu mir: „So, und morgen machen wir keine Sonderfahrt nach Aachen." Damit war die Sache dann erledigt.

Gibt es auch noch perfekte Tage?

Am Donnerstag kam mein Freund. Wenigstens etwas Gutes, dachte ich mir. Aber auch dieser Tag sollte seine Haken haben. Mein Freund kam von der Schule aus zu mir. Wir aßen zu Mittag und passten noch ein bisschen auf meine Nichte Romina auf.

Um 16:00 Uhr musste ich zur Krankengymnastik. Die Massage war schön. Ich nahm meinen Freund mit, in der Hoffnung, dass er sich ein wenig abgucken würde, um mich dann auch massieren zu können. Ich rief vorher noch Annes Mutter an, um sie zu fragen, wann Anne heute Arbeitsende hat. Sie machte zurzeit Praktikum bei ihrer Tante im Laden, ganz hier in der Nähe. Ich wollte sie um halb sieben zusammen mit meinem Freund abholen.

Als wir dann nach zwanzig Minuten vom Krankengymnasten zurück waren, ging es Thomas irgendwie nicht wirklich gut. Genauer gesehen, würde man wohl besser sagen: Scheiße. Das gefiel mir gar nicht, und ich sagte Anne ab. Ich lag neben ihm und hoffte, dass er nicht krank wird. Mein Dad fuhr ihn dann doch nach Hause, damit er sich erholen konnte. Vielleicht war es auch besser so.

Ich entschloss mich, doch Anne abholen zu gehen. Ich ging um 19:05 Uhr los, denn ich wusste nicht mehr genau, wie lange ich bis dahin brauche. Jedoch war es nicht sehr lange, denn nach knapp fünf Minuten war ich dort. Anne war überrascht, da ich ihr vorher eine SMS geschrieben hatte, dass ich nicht komme. Ich wurde direkt in ein Gespräch mit Annes Tante verwickelt. Es ist erstaunlich, irgendwie weiß jeder von mir und meinem Krebs.

Nachdem Anne dann gehen durfte, gingen wir erst noch zum Kiosk. Es war auch ein Weg, den ich in dem letzten halben Jahr zwar oft gefahren, aber nicht gegangen bin. Als wir in den Kiosk reinkamen, redeten Anne und ich noch über meinen neuen Minirock. Die Verkäuferin bekam das Gespräch mit und sagte etwas dazu, anschließend fragte sie mich, ob es mit der Glatze nicht kalt wäre und ob sie ungewollt oder gewollt wäre. So kamen wir in ein Gespräch über meinen Krebs.

Es ist erstaunlich, wie verschieden die Menschen es auffassen und drüber reden. Sie sagte, wir könnten ja noch mal vorbeikommen und dass sie mir eine E-Mail schreibt und meine Website besucht. Ich fand's voll cool, nicht jeder reagiert so, obwohl man dazu sagen muss, dass eine Freundin von ihr auch schon einmal Krebs hatte und sie es daher schon kannte.

Wir sind danach noch zu Anne gegangen und haben Filme geguckt, geredet und gelacht. Es ist immer schön, mal von zu Hause rauszukommen.

Der Horror nimmt kein Ende

An diesen Tagen musste ich dann die Zäpfchen nehmen, der Arzt meinte, dass drei genügen müssten, aber ich habe sechs verschrieben bekommen. So wirklich besser wurde es noch nicht. Am Freitag war ich dann mal wieder „der" Pechvogel. Ich bekam komischerweise meine Tage. Na klasse, dachte ich mir, richtig passend, wie immer. Ich schaute auf meinen Kalender und sah, dass ich sie vor zwanzig Tagen erst hatte, und dachte mir, das kann doch nicht sein! Es war wohl eine Zwischenblutung, die, wie alles andere sonst auch, immer ziemlich ungelegen kam.

Dadurch verschlimmerte sich meine äußerliche Entzündung immer mehr und die Salbe, die ich verschrieben bekommen hatte, half nicht wirklich. Letztendlich riefen wir dann doch im Krankenhaus an und fragten, was wir machen können. Ich musste jetzt jedes Mal nach dem Toilettengang alles schön sauber putzen, dann zwei Salben mischen und schön auftragen. Außerdem machten wir auch noch Kamille-Bäder, um die Entzündung von außen zu stoppen.

Schlimm war ja auch, dass ich keine o.b.s benutzen durfte, und Binden mag ich überhaupt nicht. Erstens sind Binden und Strings nicht wirklich aufeinander abgestimmt, und zweitens klebte das Blut auch noch auf der äußerlichen Entzündung. Es war mal wieder ein Tag zum Kotzen! Ich war total verheult und super schlecht gelaunt, meine Schmerzen wurden auch nicht besser, und meine Langeweile wurde immer größer. Weil nichts im Fernsehen lief, ging ich schon um 22:00 Uhr pennen, was ziemlich ungewöhnlich für mich ist.

Das reinste Irrenhaus!

Ich musste wegen einer Besprechung über die Bestrahlung zum Krankenhaus. Nachdem wir gegen 7:30 Uhr losgefahren waren, steckten wir in der Strecke von Dremmen nach Geilenkirchen eine halbe Stunde lang im Stau. Der Schnee machte uns also sofort schon Probleme. Nach eineinhalb Stunden, als wir dann endlich in Aachen ankamen, waren wir mit der Zeit schon sehr knapp, es war schon fast halb neun und um 9:00 Uhr hatten wir unseren Termin.

Ich ging mit meiner Mutter weiter auf Etage E, um unsere Jacken aufzuhängen, danach ging es in Flur C auf Etage 4 zum Kinderlabor. Meine Werte waren ganz gut. Um 10:00 mussten wir auf der Etage 5, Flur B, in der Poliklinik sein. Als wir aber pünktlich dort waren, mussten wir sowieso noch bis halb elf warten.

Na ja, wir mussten sowieso nur mein Pflaster wechseln und ein Rezept für einige Medikamente haben. Wir hatten danach auf Etage 2 einen Besprechungstermin wegen der Bestrahlung. Wir meldeten uns an und mussten uns noch eine Weile in die Wartezone setzen. Es dauerte ein wenig, dann kam auch schon Frau Dr. A.

Sie erzählte uns noch mal, wie das alles vonstatten gehen sollte und auch welche Nebenwirkungen auftreten können. Nach einem kurzen Gespräch waren wir auch schon fertig. Wir mussten dann noch schnell hoch zur Station, um unseren Kopfkissenbezug abzuholen, der mal verschlampt worden war, haben dann noch Christina und Ulrike hallo gesagt, da sie zurzeit auf der Station lagen, und sind auch schon wieder runter zur Personalkantine, weil ich mich dort um halb zwölf mit Verena und Maria treffen wollte.

Mom holte uns dort was zu essen, während ich uns Plätze suchte und auf die beiden wartete. Als sie dann da waren, quatschten wir eine Weile über alles Mögliche, und die beiden vergriffen sich mit mir an meinen Fritten. Wieso auch nicht: Geteiltes Fett ist halbes Fett ..., lach. Um 12:15 Uhr mussten wir leider auch schon wieder gehen.

Wir mussten noch meine OP-Fotos abholen. Das war wieder ein Theater. Erst einmal den Aufzug A3 auf Gang A finden. Da wir nach langer Suche nur A4 und A5 fanden, entschlossen wir uns, mit A4 auf die vierte Etage zu fahren. Oben angekommen fragten wir eine Frau dann, wo wir denn das Sekretariat der Neurochirurgie finden. Sie sagte, wir müssen den langen grünen Flur links entlang gehen. Ok, dachten wir, tun wir das doch direkt mal.

Am Ende des Flurs angekommen und noch keinen einzigen Menschen gefunden, gingen wir in ein Zimmer hinein, wo wir entdeckten, dass auf diesem Flur doch noch jemand zu leben schien. Wir fragten die Frau nach den Fotos, doch sie wusste von nichts. Sie sagte, wir wären bei den Chirurgen. Die Neurochirurgen wären den Flur rechts entlang. Wir bedankten uns und gingen schon ein bisschen genervt den Flur zurück.

Jedoch kam uns das auch schon ein bisschen komisch vor, denn wir fanden andauernd Schilder, auf denen

„Organtransplantation" stand. Wir fragten in diesem Sekretariat auch nach und diese sagten, dass wir hier ganz falsch wären. Um zu den Neurochirurgen zu gelangen, müssten wir auf die Etage 3 fahren und dort mit dem Aufzug A3 auf die Etage 4. Wie kompliziert! Den Aufzug A3 gab es also doch, nur halt nicht da, wo wir gesucht hatten. Wir machten also das, was uns die Frau gesagt hatte, und wurden schließlich auch fündig.

Ich holte mir schnell die Diskette, und wir fuhren auch schnell wieder auf die Etage E. Doch dann kam auch schon das nächste Problem. Wir waren wieder mal irgendwo, wo wir nicht wussten, wo wir waren. Aachener Klinikum – das reinste Labyrinth. Links war eine Glastür und rechts nicht wirklich irgendetwas. Meine Mutter war sich nicht sicher, ob wir da durchgehen dürfen. Ich natürlich auch nicht, aber was soll's.

Wir gingen also da durch und sahen, na ja, man könnte sagen, noch ein Labyrinth. Ein Labyrinth aus Arbeitsplätzen, die jeweils umgrenzt waren mit so Pappwänden oder Plastik. Ich weiß es nicht genau, auf jeden Fall war es Hammer. Am anderen Ende der Halle war eine gelbe Tür. Doch wir waren uns nicht sicher, was dahinter war und ob wir da durch dürfen. Wir schauten uns also ahnungslos um, und dann fragte uns zum Glück eine Frau, ob wir den Ausgang suchen. Wir antworteten: „Ja", und sie sagte, dass wir durch die andere Glastür auf der rechten Seite müssen.

Endlich raus da, dachte ich, und als wir durch die Türe gingen, sahen wir, dass wir in der Nähe der Personalkantine wieder rausgekommen waren. Endlich kannten wir uns also wieder aus. Doch leider ging es noch nicht nach Hause. Meine Mom suchte noch Frau B., die Sozialarbeiterin der Kinderklinik. Nach einigem Diskutieren mit der Informationsstelle, entschlossen wir uns, doch hoch auf die Etage 7 zu gehen und sie da zu suchen. Da sie nicht in ihrem Büro war, mussten wir doch nochmal auf die Station, obwohl wir da eigentlich nicht mehr hin wollten.

Uns kam auch direkt Frau Dr. J. entgegen. Wir redeten mit ihr, und sie hatte mir anscheinend wohl angesehen, dass es mir nicht besonders gut ging. Man hätte es auch darauf zurückführen können, dass wir schon seit Stunden im Klinikum rumliefen – aber so was zählt ja nicht. Nein! Mir ging es echt nicht gut, immer nur Tabletten sind einfach nichts. Mom erzählte dann auch, dass das mit der Bestrahlung noch so lange dauern würde und ob man da nicht was machen könnte, damit es schneller geht.

Frau Dr. J. war auch nicht gerade begeistert, dass es noch solange dauern sollte. Sie sagte, sie würde sich erkundigen und uns dann anrufen. Außerdem wurde uns auch noch mitgeteilt, dass Frau B. krank war. Wir gingen also wieder runter und waren schon auf dem Weg in die Freiheit, gingen uns im Kiosk noch schnell was zu trinken holen, lösten unseren Parkschein, doch als wir gerade ein bisschen Luft spüren konnten, kam der Ausruf: „Cranen, bitte sofort dringend zurück zur Station." Ich dachte: „OH NEIN, muss das denn sein?"

Ich wollte doch gerade rausgehen. Na ja, nützte alles nichts, wir mussten zurück. Währenddessen machten wir uns darüber Gedanken, wie wir mit unserem Auto von dem Parkdeck runterkommen sollten, denn man hat nur fünfzehn Minuten Zeit, um rauszufahren, und wir hatten bereits bezahlt. Als wir dann oben ankamen, waren wir beide schon ziemlich fertig. Frau Dr. J. sagte, der Oberarzt wolle noch mit uns reden. Wir setzten uns also ins Behandlungszimmer und Frau Dr. J. sagte zu uns, dass ich dableiben muss. Am besten heute schon. Und dass ich morgen Chemo und dann erst Bestrahlung bekomme.

Damit wurden mir meine letzten Funken Power entrissen, und ich brach in Tränen aus. Ich war absolut fertig und registrierte kaum noch etwas. Mir wurde gesagt, dass ich zu den zwanzig Bestrahlungen noch zehn Tage Chemo bekomme, beziehungsweise fünf Tage Chemo und Bestrahlung, dann zehn Tage nur Bestrahlung und dann fünf Tage wieder beides. Die Ärzte konnten nicht verstehen, warum ich nun am Heulen war, meine Mutter meinte, wahrscheinlich noch mehr vor Schock als wegen etwas anderem.

Als der Oberarzt kam, sagte er, dass sie nicht mehr viele Asse im Ärmel haben, sie haben also nicht mehr viele Möglichkeiten, mir zu helfen. Und sie versprechen sich von der Chemo und der Bestrahlung zusammen eine doppelt so starke Wirkung. Sie wollten mich also dabehalten, doch damit war ich nun gar nicht einverstanden, allein schon weil ich gar nichts mithatte. Ich konnte sie überreden, dass ich bis morgen noch nach Hause durfte, jedoch gab es eine Bedingung und zwar, dass wir am nächsten Tag um acht Uhr morgens auf der Station sind. Wir fuhren dann also total fertig nach Hause. Der Tag war für mich echt „die Hölle"!

Bestrahlung und Chemotherapie

Am nächsten Tag stand also die erste Chemo an. Da ich ja nicht dableiben wollte, musste ich nun um 8:00 Uhr da sein. War nicht so angenehm, so früh aufzustehen und loszufahren, „aba was soll's".

Wir waren dann halt auch um 8:00 Uhr da, und ich wurde unfreiwilligerweise auch direkt angestochen. Ich hasse das, wenn sie den Port benutzen, aber dafür wurde er ja eigentlich gemacht. Zum Glück jedoch konnte ich mit ihnen einen Kompromiss schließen und zwar, dass, wenn ich die Chemo bekommen habe, sie die Nadel zwar drin lassen aber mit einer Lösung nachspritzen, damit mein Port nicht zugehen kann und ich mich dann ohne Ständer frei bewegen kann.

Die Chemo lief über eine Stunde. Es waren in der Zeit zwei Spritzen. Eine Stunde danach musste ich dann runter zur Bestrahlung. Also sind wir mit dem Aufzug schnell runter zur Strahlentherapie und setzten uns in die Wartezone. In der Zeit betrachtete ich das Werk eines wahren Künstlers, das in der Wartezone hing. In der Wartezone hing eine Uhr. Genau vor dem oberen Teil hing eine Lampe, und vor dem unteren Teil hing eine sehr große Pflanze, so dass man von der Uhr nichts sehen konnte. Was sich derjenige, der darauf kam, wohl dabei gedacht hatte? Na ja, ist ja auch egal.

Ich schaute dann ein Plakat an, auf dem ein langer Satz stand, und bildete daraus neue Wörter. Es kamen eine Menge Wörter heraus. Ich hatte ja sowieso nichts Besseres zu tun. Es dauerte noch längere Zeit, dann kam ich endlich dran. Mir wurde dann gesagt, dass sie jetzt erst mal nur die Maske zum Bestrahlen machen wollten.

Ich zog also meinen Pulli aus und legte mich auf die Liege vom CT, ich kam mit meinen Kopf in eine Haltung rein, und ein Netzstrumpf wurde mir über den Kopf gezogen, in den aber vorne noch Löcher reingeschnitten wurden, damit ich auch noch atmen konnte. Mir wurde eine Masse von irgendwas über den Kopf gelegt und am Hals und an meinen Schultern festgedrückt. Dann musste ich fünf Minuten ins CT. Als ich fertig war, wollte ich schon wissen, wie die Maske denn nun aussah. Sie hatte Ähnlichkeit mit einer Eishockeymaske, nur dass sie halt aus einer weißen Maske mit ganz vielen kleinen Löchern nebeneinander bestand. Ich fragte dann, was denn nun mit der Bestrahlung sei. Sie meinten, dass sie nichts davon wüssten, dass ich heute noch bestrahlt werden sollte. Sie riefen oben an und meinten daraufhin, dass ich um halb fünf noch einmal wiederkommen sollte. Ich verstand das irgendwie nicht ganz. Wozu hatte ich denn dann schon die Chemo bekommen? Ich hatte das eigentlich so verstanden, als wenn ich sofort nach der Chemo bestrahlt werden sollte, damit diese auch gut mitwirkt. Na ja, ich ging also zurück zu meiner Mom und wir gingen zurück zur Station.

Ich war sehr müde und legte mich ins Bett. Meine Mom war auch sehr kaputt und wollte daher auch nach Hause fahren. Um halb fünf sollte eine Schwester mit runtergehen. Ich schlief, bis mich jemand weckte, und mit mir runterging. Ich musste unten noch etwas warten und kam dann endlich dran. Ich musste mich auf eine Liege legen und bekam die Maske an.

Sie wurde an beiden Seiten festgemacht, nur die Stelle an meinem Port wurde verschont. Über mir war so ein großes Gerät, das genau auf meine Markierungen an der Maske angepasst wurde. Ich konnte die Augen dabei auflassen, sah aber nichts außer der normalen Beleuchtung und einmal zwanzig Sekunden lang das Gerät und einmal zwanzig Sekunden lang die Decke. Danach war ich auch schon fertig. Ich wurde losgemacht und konnte wieder auf die Station gehen.

Oben schlief ich sofort wieder. Um 20:15 Uhr wurde ich wach und schaute noch mit einem halben Auge fern, blieb aber nicht mehr so lange wach. Ich war total kaputt, aber die Schwestern mussten mich noch zur Weißglut bringen. Mein Port war mittags nicht rückläufig gewesen, das heißt, sie konnten mir kein Blut entnehmen und deswegen sollte nachts mein Ständer wieder drangemacht werden, aber da ich mit der Oberärztin ausgehandelt hatte, dass ich das nicht brauche, damit ich nachts auch schlafen kann und nicht andauernd aufs Klo rennen muss, sträubte ich mich sehr dagegen. Und da meine Nerven so oder so schon am Ende waren und sie jetzt noch einen Riesenklotz darauf gesetzt hatten, wurde ich echt böse.

Ich fing an zu heulen und zu meckern, ich war eigentlich gar nicht mehr ansprechbar. Ich muss sagen, die Schwester hatte es aber auch ziemlich doof formuliert.

Ich hatte sie also komplett missverstanden. Sie sagte, wenn der Port am nächsten Morgen nicht rückläufig ist, müssten die Ärzte mich neu stechen. Das bezog ich natürlich auf den Port, sie meinte aber am Arm. Als das dann endlich geklärt war, brachte sie noch einen Hammer.

Nämlich sie meckerte, warum die von der Strahlentherapie mich nicht angemalt hätten, jetzt würde man ja gar nicht sehen, wo ich mich nicht waschen darf. Das fand ich ja auch supermega ätzend, erstens mal lass ich mich nicht mit Edding anmalen und zweitens: nicht waschen? Das fand ich scheiße. Ich wollte mich doch waschen können. Aber leider musste ich mich auch damit abfinden.

Am nächsten Morgen schlief ich auch wieder länger als normal. Ich schlief den ganzen Tag. Ich bekam morgens schon Chemo, musste schnell wieder zur Bestrahlung und schlief dann wieder. Ich war so müde, das glaubt kaum einer. Und die Schwestern machten mich immer wieder wach für irgendeinen Kram. Außerdem war mir schon irgendwie schlecht, das gefiel mir nicht. Mir wurde gesagt, dass mir eigentlich nicht schlecht werden würde. Aber ich bekam ja auch einiges gegen Übelkeit. Ich durfte am Nachmittag nach Hause und musste am Montag aber wiederkommen.

Endlich Wochenende

Auf dem Rückweg holten wir dann meinen Freund ab. Er übernachtete wieder einmal bei mir. Wir schauten dann aber nur noch was fern, denn nach der Rückfahrt bin ich ja doch immer ziemlich kaputt. Aber es war ja Freitag, da liefen ja auch jede Menge coole Serien im Fernseher. Erst kommt „GZSZ", dann „Wer wird Millionär?", danach „Die Camper", dann „Schulmädchen" und dann „7 Tage, 7 Köpfe", und dabei können wir dann so richtig schön kuscheln, und danach bin ich dann auch meistens müde und irgendwie nicht mehr aufnahmefähig.

Am nächsten Tag war dann die Feier von Vera, eine meiner besten Freundinnen. Da meine Werte relativ gut waren, durfte ich sogar hin. Ich hatte auch schon ein Outfit gewählt, was ich anziehen wollte. Ich hatte einen schwarzen Minirock mit einer glitzernden Schnalle an, darunter eine durchsichtige Strumpfhose mit schwarzen Stiefeln bis zu den Knien und einem Absatz von sechs Zentimeter. Darauf ein schwarzes Top mit einem roten Pulli, den man mit einem Reißverschluss rechts runter öffnen kann.

Thomas konnte leider nicht mit, weil er schon mit anderen verabredet war. Mike und Vera kamen dann zu mir und ich gab Vera ihr Geburtstagsgeschenk, mit einer Woche Verspätung. Es war ein schwarzes Top mit einem Riss an einer Seite. Es stand ihr gut. Mom fuhr uns dann zum Jugendcafé und anschließend Thomas nach Hause. Es waren einige da. Ich wartete jedoch noch auf Anne. Die kam dann auch nach einiger Zeit.

Ich lernte dann auch noch ein paar Leute kennen. Einige von meiner Schule waren auch da. Ich kannte sie vom Sehen. Ob sie mich jedoch kannten? Ich schloss es mal aus, da ich doch ganz anders aussehe als vorher. Es war eigentlich ziemlich langweilig, einige spielten Dart andere Tisch-Fußball, wieder andere saßen an der Theke und ich mit Mike am Tisch, und wir beide schliefen fast ein. Mich hatte dann auch noch die Nachricht erreicht, dass mein Freund nun doch net weg war, sondern zu Hause saß, das war dann auch sehr toll. Nach einiger Zeit wurde es doch noch etwas lustiger, aber wieso, weiß ich selber nicht mehr genau. Ich blieb trotzdem bis zum Ende.

Um 18:00 Uhr wollten dann alle noch bei Vera weiterfeiern. Anne jedoch wollte bei mir pennen, sie hatte keine Möglichkeit, zu Vera zu kommen. Ich dachte mir: „Na, wenigstens irgendjemand, der heute Abend Zeit für mich hat." Aber … wenn dieses „Aber" nur nicht wäre … Aber leider schrieb Anne mir nachher eine SMS, dass sie doch zu Vera kann. Ich war total sauer, eigentlich sauer auf alles. Alle waren weg, alle konnten weg, nur *ich, ich* war die Einzige, die alleine zu Hause abgammeln musste. Ich war tierisch sauer. Ich wollte auch endlich wieder raus.

Na ja, irgendwann hatte ich mich dann auch wieder abgeregt, musste ich ja sowieso. Die einzige Möglichkeit, die mir da noch blieb, war mein treuer Fernseher, der immer Zeit für mich hatte, wenn ich es wollte. Am Sonntag kam dann mein Freund wieder zu mir. Er wollte am Samstagabend auch nicht noch zu mir kommen, er wollte lieber 'ne Cola trinken gehen. Na ja, wie auch immer, der Sonntag lief dann ab wie fast jeder Sonntag, wenn mein Freund bei mir war: Nichtstun und Fernsehen. Na ja, dieses Wochenende hatte seine Vor- und Nachteile. Aber immerhin besser, als im Krankenhaus zu liegen.

Durch Wind und Wetter und auch Laune

Nun war Montag und wir mussten um halb sechs aufstehen, da wir ja um 8:00 Uhr im Krankenhaus ...*wo auch sonst* ... sein mussten. So früh morgens zu frühstücken war schon die Hölle, aber dann noch zu sehen, wie es draußen schneit, obwohl wir gleich nach Aachen fahren müssen, war die Krönung.

Als wir dann losfuhren, sahen wir, wie alles schön verschneit war. Im Auto war es lausig kalt, deswegen schlief ich auch sofort. Nach der halben Strecke gab es jedoch schon ein Problem, Mom musste dringend auf die Toilette. Wir hielten in Herzogenrath an einer Bäckerei an, die zum Glück schon aufhatte. Mom brachte danach auch noch ein Brötchen und ein Schokocroissant mit. Nun ging die Fahrt weiter, doch nicht für lange, denn ein wenig später steckten wir schon im Stau.

Na klasse, wir mussten doch um 8:00 Uhr da sein. Wir warteten einige Zeit und sahen voraus, dass wir nicht pünktlich ankommen würden. Ich rief also auf der Station an, um Bescheid zu sagen. Schwester Ilona sagte, dass es kein Problem wäre, wir sollten ganz langsam fahren. Ich dachte, wie das auch anders gehen sollte, schneller als die vor uns kamen wir sowieso nicht voran. Es schien wohl vielen so zu gehen wie uns. Ich schaute noch einmal aus dem Fenster und sah, wie es dick am Schneien war, der Schnee war bestimmt schon zwei Zentimeter hoch und so wie es aussah, würde er auch noch dicker werden. Das war für uns nicht gerade ein gutes Zeichen.

Ich aß dann mein Schokocroissant. Als ich gesättigt war und doch nichts machen konnte, mir dazu auch noch Moms blöde Musik anhören musste, entschloss ich mich, weiterzuschlafen. Ich schlief so lange, bis wir angekommen waren. Als ich auf die Uhr schaute, traf mich der Schlag. Es war schon 11:00 Uhr. Wir standen also drei Stunden im Stau. Mit Koffer und allem gerüstet, gingen wir dann schnell hoch zur Station.

Es war furchtbar. Viele Leute hatten Verspätung, und daher war mal wieder das Chaos angesagt. Ich kam aber ziemlich schnell auf ein Zimmer, auf ein Zimmer meiner Wahl, zu Ulrike auf die 8. Ulrike jedoch blieb mir nicht lange erhalten. Es war Montag, und sie wurde wieder entlassen. So schlimm war es nicht, schließlich hatte ich nun ein Einzelzimmer.

Als ich dann die Chemo bekam, wurde ich wieder sehr müde und wollte schlafen, doch die Krankengymnastin wusste das zu verhindern. Ich war voll müde und total genervt und daher auch nicht äußerst freundlich. Ich kriegte sie irgendwann dann doch noch dazu, mich schlafen zu lassen, doch sie drohte mir, dass sie bald wieder vorbeischauen würde. Mir ging es nicht wirklich gut. Damit ich überhaupt zur Bestrahlung kam, mussten sie mich mit einem Rollstuhl dorthin bringen. Mir war schlecht, ich war voll übermüdet und total schlapp. Ich schlief den ganzen Tag lang.

Als ich dann den Montag überstanden hatte, klingelte

wieder andauernd mein Telefon, es war echt nervig. Ich wollte doch nichts anderes als schlafen und meine Ruhe haben, aber das wurde mir irgendwie nicht gegönnt. Es hatte keiner verstanden, dass ich k.o. war. Klar, alle wollten wissen, wie es mir geht, und sich halt bei mir melden, aber im Moment war das irgendwie nicht das Richtige für mich.

Als ich am nächsten Tag fragte, welche Kinder denn eigentlich alle da seien, wurde mir berichtet, dass Nicole auch da war. Ich ging zu ihr und sie fragte auch direkt, ob sie nicht zu mir aufs Zimmer kann, sie wollte nicht mehr neben einem kleinen nervigen Mädchen liegen. Da ich mit Nicole sehr gut auskomme, kam sie zu mir aufs Zimmer. Auch mit ihrer Mutter kann man sich sehr gut unterhalten. Ich bekam auch noch eins von ihren Croissants.

Ein bisschen später wurde dann auch schon meine Chemo angehängt, damit ich schnell zur Bestrahlung konnte. Gegen Mittag kam meine Mom. Ich hatte außer dem Croissant am Morgen nichts gegessen. Meine Mom hatte mir eine rote Paprika mitgebracht. Mir war sowieso schon schlecht, aber etwas essen wollte ich trotzdem. Ich aß also meine Paprika. Na ja, und kurz darauf war es mal wieder soweit, die Paprika wollte mich dafür quälen, dass ich sie gegessen hatte und kam voll und ganz wieder hoch. Schwester Daniela war völlig verwundert und fragte entsetzt, was ich denn gegessen hätte. Meine Mutter sagte, rote Paprika, und plötzlich erschien in Schwester Danielas Augen alles wieder logisch. Sie brauchte sich also keine Sorgen machen und sich den Kopf darüber zerbrechen, womit ich diese Nierenschalen gefüllt hatte.

Nach diesem Ereignis aß ich direkt eine ganze Apfeltasche, ich spürte wieder dieses Loch in meinem Magen, und er schrie nach Futter. Zu aller Verwunderung blieb sie sogar drin. Ich schlief wieder eine Weile, denn es war ja schon anstrengend, was zu essen, es wieder auszukotzen und dann wieder was zu essen, das erforderte nun eine Weile Schlaf.

Als ich später wieder wach war und auch wie schon den ganzen Tag schlechte Laune hatte, brach ein Gefühl in mir aus, als ob ich lieber sterben würde, als noch weiter im Krankenhaus zu bleiben. Natürlich war es nicht so, aber ich war auf einmal total fertig. Ich heulte, brüllte und wollte nur noch raus. Ich wusste genau, dass ich noch nicht nach Hause konnte, aber das interessierte mich irgendwie nicht. Ich konnte die Geräte, die andauernd piepsen, nicht mehr hören, ich hatte Kopfschmerzen, mir war schlecht und ich hatte einen Riesenbedarf nach frischer Luft. Meine Mutter versuchte mich zu beruhigen, aber es war schwer, auch die Schwestern versuchten es. Alle sagten, sie verständen mich ja, aber es könnte ja doch keiner was machen.

Meine Mutter packte mich in einen Rollstuhl, vorher zog ich mir noch was drüber und dann fuhren wir auf Etage E und gingen an die frische Luft. Es war schon ein angenehmeres Gefühl als auf der Station. Die Luft der Klimaanlage macht einem voll zu schaffen. Ich wäre am liebsten zum Auto gelaufen, es war eine sehr erfrischende Luft, nur ein bisschen windig, und es war schon dunkel. Wenn diese Raucher vorm Klinikum nicht wären, könnte man es sogar noch länger dort aushalten. Wir fuhren dann wieder hoch, aber noch nicht auf die Station, wir fuhren auf Flur C nach ganz links. Von dort aus hat man eine schöne Aussicht.

Als wir zurück auf der Station waren, war ich zumindest etwas beruhigt. Nicht zufrieden, aber beruhigt. Ich schlief direkt etwas und Mom fuhr nach Hause. Ich war froh, dass ich das nun überstanden hatte. Am nächsten Morgen schlief ich länger.

Nicoles Mutter war gerade eingetroffen, als ich so halb aufwachte. Doch ich wollte noch nicht richtig und versuchte weiterzuschlafen. Sie hatte mir eine Tüte mit zwei Croissants hingelegt. Ich fand es supernett von ihr. Als ich gerade anfangen wollte zu frühstücken, kam auch schon die Visite. Die Chemo hatte ich noch mal rausgeschickt, weil ich erst in Ruhe was essen wollte. Aber auch das hatte die Visite dann ja verhindert. Ich war schon am Kauen, da hieß es: „Untersuchen!"

Als Erstes stellte ich dann die Frage: „Wen untersuchen? Das Hörnchen oder mich?" Die Assistenzärzte waren ratlos. Nachdem das mit dem Brötchen nicht geklappt hatte, gingen sie zu mir über. Als sie dann jedoch in meinen Mund schauen wollten, fanden sie nur Brötchen vor. Danach konnte ich in Ruhe weiter frühstücken. Als ich fertig war, rief ich nach der Chemo und schlief weiter. Irgendwann wurde ich dann geweckt, weil ich zur Bestrahlung musste. Danach schlief ich wie üblich weiter.

So gegen Mittag kam dann meine Mutter. Sie brachte

mir ein Kirschteilchen mit. Ich wurde abgestöpselt, und Mom packte die Tasche, wir aßen unsere Teilchen noch, und dann ging es ab nach Hause. Der ganze Nachteil an der Sache war nur, dass das Autofahren meine Übelkeit fördert. Endlich zu Hause angekommen, ging es mir natürlich nicht wirklich besser, kotzen musste ich sowieso immer noch, aber wenigstens war ich aus dem Mief da raus.

Der weitere Verlauf

Den 05.02.04 und 06.02.04 musste ich auch wieder zur Bestrahlung, wie jeden Montag bis Freitag. Leider schaffte ich keine Fahrt ohne Übelkeit und eine Schale unter der Hand. Jedes Mal ging es mir allein schon beim Anblick des Krankenhauses zum Kotzen.

Am Wochenende hatte ich dann immer meine Erholpause, weil dann ja mein Freund Thomas kommt. Oder auch mal andere Freunde. Die nächste Woche ging es dann auch wieder so weiter. Doch die Auswirkungen der Chemo wunderten mich sehr. Anderthalb Wochen nach der Chemo, war mir immer noch schlecht und ich musste immer noch kotzen. Im Krankenhaus wurde mir gesagt, dass es eine leichte Chemo wäre.

Gut, einerseits konnte das gut sein, denn meine Haare wachsen wie Unkraut, und kein einziges fällt mir aus. Wir erfuhren noch, dass die ständige Übelkeit auch davon kommt, dass die Chemo die Bestrahlung verdoppelt. Daher bin ich also doppelt so müde, na ja, was heißt doppelt, dreifach so müde, und schlecht ist mir auch immer.

Am 14.02.04, am Valentinstag, kam dann mein Freund zu mir. Er übernachtete wieder einmal. Er schenkte mir zum Valentinstag eine rote Rose, voll schön sah die aus. Ich hatte ihm eine Herzkarte gebastelt mit einem langen Text darin. Auch die Karte sah sehr schön aus. Wie jedes

Wochenende hatten wir nicht sehr viel gemacht, aber ich war froh, dass er bei mir war. Am 16. und 17.02.04 hatten wir dann noch mal ambulante Bestrahlung, und dann kam der vorletzte Teil der Chemo.

Karneval im Krankenhaus

Von Mittwoch, den 18.02.04 bis Freitag, den 20.02.04 musste ich also wieder dableiben. Ich hatte mich vorher schon regelrecht dagegen gewehrt. Ich wollte diese Chemo nicht mehr haben. Allein schon wegen dem letzten Mal, als sie mir die Tage zur Hölle gemacht hatte. Trotzdem gab es da kein Pardon, es musste sein. Wir kamen an, ich wurde kurz darauf angeschlossen und kam zu Kathrin aufs Zimmer. Wie immer kam ich eine Stunde, nachdem die Chemo durchgelaufen war, zur Bestrahlung, und dann war ich auch schon für den ersten Tag fertig mit allem.

Mit allem außer dem Kotzen. Mir ging es wieder mal richtig beschissen, ich musste nur brechen, konnte nichts essen, mein Hals tat mir weh, ich war voll deprimiert, wollte nach Hause und Chemo schon gar keine mehr. Obwohl ich sagen muss, dass es am Mittwoch eigentlich noch ging. Mir war zwar schon ziemlich schlecht, aber Kathrin ging es noch schlimmer. Ich tröstete sie abends noch, dass sie bloß nicht den Mut verlieren und die Hoffnung aufgeben soll.

Doch am nächsten Mittag war ich selber an dieser Stelle angelangt. Ich heulte und jammerte und war voll am Ende. Ich wollte nicht mehr. Es war Karnevalsdonnerstag – Altweiber –, und eigentlich sollte ich ja gute Laune haben, da ich gern Karneval feiere, doch was ist schon Karneval im Krankenhaus? Ich hatte mich trotzdem mal umgezogen, in der Hoffnung, dass doch noch was los ist. Ich hatte einen schwarzen Minirock an mit einer glitzernden Schnalle, eine schwarze Netz-Strumpfhose, ein glitzerndes Oberteil mit einem weiten Ausschnitt und eine Art Trompeten-Ärmel, dann Teufelshörner, gegelte Haare, schwarze Stiefel bis zu den Knien, und ich war geschminkt.

Alle staunten und gaben teilweise richtig blöde Kommentare ab auf der Station. Zum Beispiel: „ Jetzt hat sich dein wahrer Charakter gezeigt", oder: „Ziehst du dich noch weiter an oder aus?", oder: „Da hängt zwar die halbe Brust raus, aber ansonsten ist ok". Nee, nee, nee, immer diese Schwestern. Na ja … nach der Bestrahlung bin ich dann mit meiner Mutter und meiner Tante was durchs Krankenhaus gelaufen und wir haben mal geschaut, wo die Studentenparty ist.

Als wir sie dann gefunden hatten, sahen wir, dass wirklich kein einziger Patient da war. Wir gingen rein, wurden aber auch direkt in eine einsame Ecke geschickt, damit niemand an meinen Ständer dran kommt. Wir schauten uns um und sahen, dass die Stimmung eigentlich ganz gut war. Alle feierten und am Anfang tanzten auch welche. Doch nachdem wir dann fünf Minuten dastanden, war es auch schon langweilig, weil alle kleine Grüppchen gebildet hatten und da konnten wir ja nichts mit anfangen – als einzige Patienten.

Wir sind also wieder raus und gingen in Richtung Personalkantine. Auf dem Flur zog ich viele Blicke auf mich. Doch als wir in der Personalkantine angekommen waren, wusste ich plötzlich nicht mehr so genau, ob ich da wirklich rein will. Direkt an der Tür starrte mich schon jeder an. Mit Mut ging ich also weiter. Doch es gab fast niemanden, der nicht zu mir guckte. Gut, ich mein, ich war auch fast die Einzige mit einem Kostüm und dann auch noch einem so kurzen. Es war auch irgendwie lustig, ein Typ warf mir sogar einen Luftkuss entgegen, und wieder andere starrten mich an. Wir setzten uns dann eine Weile dahin und quatschten, bis mein Akku vom Ständer leer war. Dann gingen wir wieder auf die Station.

Ich war dennoch froh, wenigstens ein bisschen rausgekommen zu sein. Dafür hatte ich mir danach auch wieder meine Speiseröhre aus dem Körper gebrochen, so elend ging es mir. Ich dachte, ich ersticke. Es war auf einmal ganz schlimm, aber ich musste nur noch eine Nacht schaffen. Und am nächsten Spätmittag konnte ich auch schon wieder nach Hause. Am Freitag ging es mir zwar auch nicht wirklich besser, aber zu Hause kotzen ist doch noch was anderes als im Krankenhaus.

Der Geistheiler

Wen ich bisher noch nicht erwähnt hatte, ist Dragi, eine Freundin von meiner Mutter. Sie hat ein Zentrum für Bewusstseinserweiterung und behandelt mit Harmologie (das ist Energieübertragung mit Hilfe der Engel). Seit Dezember gehen wir auch zu ihr. Ich rede mit ihr, und sie macht mir Behandlungen. Am Anfang war ich überhaupt nicht davon überzeugt, ich wollte nicht an mir und nicht damit arbeiten. Mein Krebs wurde aber durchs Krankenhaus allein auch nicht besser. Es hat sehr lange gedauert, bis ich darüber nachgedacht hatte und mich auch damit beschäftigt hatte, warum das alles mit mir passiert.

Was ich an mir tun muss, damit es weggeht und was mein Lernthema ist. Und vor allem, bis ich begriffen hatte, dass ich glauben muss. Krebs bedeutet Egoismus und Selbstvernichtung. Und das ist mein Lernthema. Und ich nähere mich, seitdem ich mich damit beschäftige, je besser ich es verstehe und je mehr ich es umsetzte, immer weiter dem Ziel: Dem Ziel, wieder ganz gesund zu werden und ein normales Leben weiterführen zu können.

Sie hilft mir sehr mit ihren Behandlungen und dem, was sie sagt. Da wir aber noch mehr Möglichkeiten versuchen, mich wieder komplett gesund zu kriegen, haben wir uns einmal Wasser von Nordenau besorgt, wo es heißt, dass es schon vielen Menschen geholfen und viele Menschen gesund gemacht hat, und wir sind nach Echtz zu einem Geistheiler gefahren.

Als wir da ankamen, ging es mir nicht sehr gut, mir war schlecht, und ich war froh, als ich aus dem Auto raus war. Wir klingelten und gingen in ein großes Haus. Die Frau des Geistheilers machte uns auf. Meine Mom, Kitty und ich setzten uns ins Wohnzimmer. Er pendelte alles Mögliche aus. Er sagte, dass wir Erdstrahlen, die sich kreuzen, unter unseren Betten haben und dass das schlecht für unsere Körper ist und dass daher auch der Krebs kommt. Und dass die Erdstrahlen schon ziemlich stark bei mir wären. Mein Tumor wäre an der größten Stelle viereinhalb Zentimeter groß.

Wir hatten auch alle ein Glas Wasser bekommen. Mir fiel direkt auf, dass es anders schmeckte als anderes Wasser. Wir gingen danach in seine Kapelle. Er hatte eine an sein Haus gebaut. Er hatte hintenrum einen Bauernhof. Wo die Kapelle jetzt steht, dort stand früher eine Kirche, und in seiner Kapelle stehen noch die Figuren der alten Kirche drin. Es war ziemlich kalt, an der rechten Seite stehen ein paar Bänke, und vorne ist der Altar, weiter hinten steht ein Stuhl auf einem Energiepunkt und ein Buch, wo etwas über die Kapelle, sein Wasser, was mir so anders geschmeckt hatte, und über Leute, die Eintragungen gemacht hatten, drin ist.

Ich sollte mich dann auf den Stuhl setzen, der auf dem Energiepunkt steht. Er hatte dann eine Behandlung mit seinen Händen an meinem Hals und Nacken gemacht. Außerdem hatten wir ihm zwei spezielle Matten abgekauft, die man entweder unters Bett legt, was bei unserem Fall nicht geht, weil es Wasserbetten sind, oder man kann sie auch so, wie wir es gemacht haben, an derselben Stelle, wo die Betten stehen, im Keller unter die Decke hängen. Wir mussten ihm noch ein Foto von mir geben, auf dem ich ganz drauf bin, dieses hat er dann auf den Altar zu ein paar anderen Fotos gelegt. Er macht jetzt jeden Tag eine Fernbehandlung.

Der Karnevalsumzug

Sonntag, den 22.02.04, waren wir bei meiner Schwester eingeladen. Mein Freund Thomas war nach Hause gefahren, weil er woanders Karneval feiern wollte. Wir sind nachmittags zu meiner Schwester Bianca runter. Ich hatte wieder mein Kostüm an, aber so richtig gut ging's mir nicht. Vor allem war es ziemlich laut. Es waren so viele Leute da. Und auch viele Kinder. Ich hatte mich auf die Couch gelegt und mit meiner Oma geredet, der das alles auch ein bisschen zuviel war.

Es war noch einige Zeit, bis der Zug kam. Als es schon etwas später war, versuchte ich, etwas zu essen. Es hatte sogar funktioniert. Als dann der Zug kam, gingen wir alle, bis auf Oma, raus. Sie guckte vom Fenster aus. Es kamen mir jede Menge Leute entgegen, die mich kannten. Als der Wagen vom Jugendcafé kam, rannten einige zusammen auf mich zu. Es war schön, wenigstens die Leute alle mal zu sehen, auch wenn ich nicht wirklich feiern konnte und auch nicht was mit ihnen zusammen trinken. Nach dem ganzen Trara bin ich dann wieder reingegangen, denn mit dem kurzen Minirock war es schon ziemlich kalt.

Wir blieben dann noch eine Weile, aber auch nicht mehr sehr lange, halt, weil es mir auch nicht so gut ging. Mom, meine Oma und ich sind kurze Zeit später nach Hause gefahren. Dad bestand darauf, später nachzukommen. Mir ging es zu Hause nicht so gut, wir machten zwar noch ein paar Fotos, aber dann ruhte ich mich auch etwas aus. Es war komisch, ich war nicht besoffen, hatte nicht wild gefeiert und war dennoch kaputter als jedes Karneval davor. Na ja, was das alles ausmachen kann.

Der Rest der Chemo

Am Dienstag, den 24.02.04 war unsere Karnevals-
pause dann wieder zu Ende und ich musste zurück ins Krankenhaus, um mir die letzte Chemo
abzuholen. Sie ging noch zwei Tage. Einerseits konnte
ich mich freuen, dass ich nur noch zweimal Chemo
bekomme und dann endlich Ruhe habe, aber irgendwie
hatte ich es anders empfunden. Ich sah es so, dass diese zwei Tage zu überstehen genauso schlimm, vielleicht
sogar noch schlimmer als die anderen Tage waren. Ich
wusste, dass es das Ende war, und wollte auch nicht
mehr, was, wie ich denke, wohl jeder genauso wenig
ollen würde. Ich wusste also, was mir an diesen zwei
Tagen noch bevorstand.

Es lief dann genauso ab, wie davor auch. Ich musste
brechen, brechen und noch mal brechen. Und als ich
dann endlich die letzte Bestrahlung hinter mir hatte,
wurde mir mitgeteilt, dass ich am Donnerstag doch
noch die zwanzigste Bestrahlung bekommen sollte. Ich
hatte mich natürlich wie immer total aufgeregt, was
denn das nun sollte. Ich durfte nach Hause, aber sollte
dafür am Donnerstag wiederkommen. Ich hatte schon
am Mittwoch keine Lust dazu, weil ich genau wusste,
wie ich mich nach der langen Autofahrt fühle, und vor
allem wie ich mich fühle, wenn ich gerade aus dem
Krankenhaus raus bin, und am nächsten Tag wieder
hin muss. Das gefiel mir nicht. Aber wichtig war ja,

dass ich erst mal wieder aus dem Krankenhaus raus war.

Am Donnerstag fuhren wir dann also wieder hin, um die letzte Bestrahlung zu überstehen. Es ging sehr schnell, und ich hatte danach auch noch ein Abschlussgespräch mit dem Arzt von der Abteilung. Er sagte uns, dass die Schluckbeschwerden und die Halsschmerzen schon noch eine Weile bleiben werden und ich die Fruchtsäfte noch weglassen soll. Und dass ich in einer Woche dann wieder duschen oder baden durfte. Das nächste Gespräch soll dann Mitte April stattfinden. Und meine Bestrahlungsmaske wurde mir auch mit nach Hause gegeben. Es war schon eine Erleichterung zu wissen, dass diese ewige Fahrerei jeden Tag nun endlich zu Ende war. Und dass meine ständige Müdigkeit und Übelkeit nun auch weniger werden sollte.

Als wir endlich wieder zu Hause waren und ich mich was ausgeruht hatte, fuhren wir noch auf den Geburtstag meiner Nichte. Sie ist zwei Jahre alt geworden. Und von da an dachten wir dann auch: „Endlich wieder mehr Ruhe und Zeit!"

Das Zwischenergebnis

Am Samstag hatten wir ein Zwischenergebnis bekommen. Nicht, wie jetzt manche denken, von den Ärzten, nein, sondern vom Geistheiler. Wir sind an diesem Samstagmorgen wieder nach Langerwehe gefahren, der Ort bei Echtz. Diesmal sind wir direkt in die Kapelle gegangen. Er teilte uns mit, dass mein Tumor nur noch unter einem Zentimeter groß ist. Wir staunten. Kann das denn wirklich sein? Sollte das stimmen?

Solche Fragen gingen mir durch den Kopf. Ich hoffte es, so wie die anderen auch. Aber ich denke mir auch mal, dass es mehr gibt als Chemo und Bestrahlung. Wieso sollte das nicht funktionieren? Wenn man genug Gottvertrauen hat und sich die Dinge vertrauter macht, dann kann auch das eine Wirkung haben. Wir waren auf jeden Fall alle erleichtert, das zu hören. Um das alles dann noch zu verstärken und schnellstens dafür zu sorgen, dass der Tumor immer kleiner wird, hatten wir Montag, Dienstag und Mittwoch auch noch Termine bei Dragi. Auch sie machte wieder Behandlungen, die mir, wie ich es ja schon erwähnt hatte, sehr gut helfen. Ich weiß auch, dass, wenn Dragi nicht wäre, ich das nicht so schaffen würde.

Action pur

Am Donnerstag, den 04.03.04 ging es mir schon wieder sehr viel besser, und ich hatte Lust, was zu unternehmen. Gegen Mittag besuchte mich Stefan H. von der Schule aus. Wir quatschten über dieses und jenes. Und dann gegen Abend bin ich mit Anne runter zum Jugendcafé gegangen. Dort war leider nicht soviel los. Wir telefonierten rum, aber niemand hatte Zeit für uns. Später entschlossen wir uns, zur Dönerbude zu gehen.

Mit Rebecca, Nikola und Anne war es auch ganz schön lustig, später kamen auch noch Marc und Alex dazu, dafür gingen aber Nikola und Rebecca. Wir waren noch länger weg, und erst gegen 22:00 Uhr zu Hause. Am nächsten Tag hatte ich mich dann wieder mit Anne, Marc, Mike und Vera getroffen. Wir waren zuerst eine Weile im Jugendzentrum. Später kam irgendwer auf die blöde Idee, zum Gondelweiher zu gehen, und da außer Vera und mir alle mitzogen, und das waren nicht nur Anne, Mike und Marc sondern auch noch einige andere, gingen wir auch mit.

Wir waren viel zu lange draußen. Es war ziemlich kalt und ich hatte keine Mütze auf, weil ich Angst um meine Haare hatte. Als dann fast alle weg waren, fing es auch noch an zu schneien, und da hatten wir dann erkannt, dass wir mal langsam rauf zur Dönerbude gehen sollten, wie es auch ursprünglich geplant war. Ich musste schon im Jugendcafé husten, und das klang nicht sehr gut. In der Dönerbude gefiel mir die Atmosphäre schon viel besser als am Gondelweiher, und wir waren auch nicht mehr ganz so viele. In der Dönerbude wurde mein Husten auch nicht gerade besser. Wir blieben auch nicht mehr so lange, aber anscheinend lange genug, so dass ich mich erkältet hatte.

Die nächsten Tage raus war dann wohl für mich tabu. Ich hatte zu spüren bekommen, was passiert, wenn ich mich übernehme. Na ja, und diesen Rückfall musste ich jetzt erst einmal überstehen. Zum Glück hatte ich das aber schon nach einer Woche überstanden und war wieder fit dabei. Die nächsten Wochen darauf war ich auch immer fitter und konnte immer etwas mehr unternehmen.

Endlich die MRT-Untersuchung

Am 24.03.04 war es dann soweit, endlich die erste Nachuntersuchung. Wir sollten morgens um 10:00 Uhr in Aachen sein, mussten also schon sehr früh losfahren, zumindest für mich sehr früh, obwohl ich ja auch wieder lerne, früher aufzustehen. Jedenfalls sind wir dann los, und ich habe wie immer während der Fahrt geschlafen. Dort angekommen, musste nach langer Zeit wieder ein Zugang gelegt werden.

Ich war es schon gar nicht mehr gewohnt, wollte mich auch nicht mehr dran gewöhnen und fand es auch tierisch unangenehm. Aber das ist ja normal. Nur, dass ich mir vorkam, als hätte ich zwei linke Hände. Als wir dann beim MRT waren, wurde uns direkt gesagt: Eine Stunde Wartezeit. Die vertrieben wir uns dann in der Personalkantine. Wir waren zwar zuerst noch auf der Station, um Ulrike, oder wen anders zu besuchen, aber es war keiner da, und Ulrike schlief.

Was mir sofort auffiel, als wir in Ulrike Zimmer reinkamen, war der Geruch nach Chemie. Mir wurde es direkt ganz komisch im Magen. Als wir dann die Wartezeit mit einem Sandwich und Quatschen überbrückt hatten, wurde uns wieder mitgeteilt, mit noch einer Stunde müssten wir rechnen. So ging das dann noch einige Zeit weiter. Zum Glück hatte ich meine Englischlektüre mit, die ich in der Zeit ausgelesen hatte. Um 13:30 Uhr kam ich endlich dran.

Ich lag eine Stunde im MRT, und mein Zugang wurde mir danach direkt gezogen. Wir sind trotzdem noch mal zurück zur Poliklinik, um zu fragen, wann wir denn ein Ergebnis bekommen. Dr. D. war da und er sagte, dass sie es am nächsten Tag erst in der Besprechung gezeigt bekommen werden, aber wir könnten ja danach anrufen. Ich war davon genauso wenig begeistert wie Mom, wir wollten beide lieber jetzt ein Ergebnis haben. Da konnte man wohl nichts dran machen, wir waren jetzt nur noch gespannter als vorher, obwohl ich wie vorher auch von dem Stand ausgehe, dass der Tumor tot ist.

Ich habe zwar noch Schmerzen, aber es sind einfach nicht dieselben. Es fühlt sich nicht so an wie der Tumor, sondern eher wie die Nerven. Na ja, das werden wir hoffentlich bald erfahren.

Als meine Mom am nächsten Tag in Aachen angerufen hatte, war die Nachricht anscheinend nicht so erfreulich. Sie kam ernst auf mich zu, mit Tränen in den Augen, und ich wusste gar nicht, was mich erwartet, warum sie überhaupt so ernst war, bis sie dann erwähnte, dass sie in Aachen angerufen hatte.

Einerseits war das schon ein Schock für mich, sie so zu sehen und das in Verbindung mit unserem Ergebnis, andererseits jedoch blieb ich ziemlich locker und fragte sie, was denn nun los sei. Der Arzt sagte, dass sie auf dem MRT gar nichts gesehen haben. Nur, dass da noch Tumor ist, aber nicht, ob er lebt oder nicht. Ich war mir sicher, dass der Tumor tot ist, und nahm es daher relativ locker, aber fand es scheiße, dass ich das MRT umsonst gemacht hatte. Dadurch, dass die Ärzte nun endlich Klarheit haben wollen, haben sie die Pet-Untersuchung, die erst in zwei Wochen sein sollte, vorgezogen auf die nächste Woche.

Vorergebnisse

Einen Tag vor der Pet-Untersuchung, am 30.03.04, musste ich, warum auch immer, wieder zum Krankenhaus. Wir hatten die Woche davor mit Dragi überlegt, wo die Schmerzen herkommen könnten, wenn nicht vom Tumor, und sie kam auf die Idee, dass es eine Nervenentzündung sein könnte. Daher hatte ich die Krankengymnastik, die ich schon wieder angefangen hatte, und die Übungen zu Hause erst einmal abgebrochen, da es eine Nervenentzündung ja nur verschlimmern würde.

Angekommen beim Oberarzt, fragten wir ihn, warum wir kommen sollten. Der Witz daran war, dass er es selber nicht wusste, da man erst am nächsten Tag was bereden könne. Na ja, da wir schon einmal da waren, erwähnte ich das mit der eventuellen Nervenentzündung, aber da wir ja nichts Genaues wussten und vor der Pet auch keine Untersuchungen mehr gemacht werden würden, bekam ich ein anderes Medikament. Allein schon, weil ich diese ewigen Tabletten, die meinen Magen immer mehr kaputtmachen, satt habe.

Ich bekam ein Schmerzpflaster mit Morphium, das man sich an den Körper klebt, drauflässt und nach drei Tagen wechselt. Es war auf jeden Fall eine bessere Lösung, allein schon, weil ich das nicht vergessen kann, wenn ich länger weg bin oder bei meinem Freund schlafe. Der Rest sollte dann am nächsten Tag besprochen werden, weil wir nicht über irgendwas spekulieren wollten. Da also nicht wirklich was zu besprechen war, kamen wir auch ziemlich schnell wieder raus aus dem Krankenhaus.

Wir fuhren dann zu einer Freundin von meiner Mom. Sie ist Kartenlegerin, und wir wollten einiges über mich und das, was alles noch passiert, erfahren. Wir hatten um 17:00 Uhr den Termin bei ihr, waren aber fünfundvierzig Minuten zu früh. Zum Glück trafen wir ihren Mann, der uns berichtete, dass sie schon zu Hause sei. Sie legte dann verschiedene Karten, und sie sagte uns, dass irgendwas von meinem Tumor noch da ist und dass die Ärzte mir als Vorsichtsmaßnahme etwas vorschlagen werden, was mir nicht gefällt und dass, wenn ich das ablehne, ich sehr wahrscheinlich rückfällig werde. Außerdem sagte sie, dass das ganze Jahr noch sehr schwer wird und dass ich das zehnte Schuljahr vielleicht wiederholen muss.

Es kamen noch einige andere Sachen dazu, die jetzt hier aber keine Rollen spielen, die mir teilweise aber auch überhaupt nicht gefielen. Sie gab mir noch einige Fragen, die ich für mich beantworten soll, und dann fuhren wir nach Hause.

Die Pet-Untersuchung

Wir mussten schon sehr früh da sein und daher auch sehr früh aufstehen. Dort angekommen, mussten wir hoch auf die Station, da diese Untersuchung anscheinend nur stationär durchgeführt wird. Ich hatte an diesem Morgen tierischen Durst, aber ich musste ja nüchtern bleiben. Mir wurde dann auf der Station ein Zugang gelegt, und ich trank einen Kamillentee, damit mein Magen sich beruhigt.

Wir gingen auch direkt runter auf die 2 zur Pet. Ich musste dann für zwanzig Minuten in das Gerät. Man kann auch seine eigene CD mitbringen, und in der Zeit hören. Ich hatte eine CD mit vielen House-Liedern. Nach zwanzig Minuten wurde mir ein radioaktives Glukosemittel gespritzt, ich bekam eine weiße Flüssigkeit und nach einer Stunde musste ich wieder geröntgt werden.

Wir waren schon ganz nervös, weil wir solange warten mussten, obwohl man dazu sagen muss, dass es im Gegenteil zu sonst alles ziemlich schnell abläuft. Nach dem letzten Röntgen wollten wir Ergebnisse haben, die uns irgendwie keiner mitteilen wollte. Ich war sehr nervös und sauer, weil uns keiner was sagen konnte. Wir sollten doch bis zum nächsten Tag abwarten und noch mal anrufen. Dann hätte auch die Station die Ergebnisse. Wir gingen also zum Ausgang, da uns dort ja sowieso niemand was sagen konnte, und als wir gerade in Richtung Aufzug gehen wollten, kam eine Arzthelferin durch eine Tür und sagte, wir sollen zurückkommen, man will noch ein Ultraschallbild von mir machen.

Total verwundert gingen wir zurück, Frau Dr. L. hatte doch schon ein Ultraschallbild gemacht, es war komisch, dass der Doktor nun auch noch mal eins machen wollte. Als wir bei ihm ankamen, fragte ich, wieso er denn eins machen will, und darauf sagte er: „Nur aus Neugier!"

Das glaubt dem doch kein Schwein, sagte ich in Gedanken. Während er meinen Hals auf eine seltsame Art und Weise untersuchte, fing die Sache an, immer komischer zu werden. Er guckte kaum an der Tumorstelle, sondern eher an der anderen. Das gefiel mir nicht, es machte mir Sorgen. Trotzdem wiederholte er immer wieder, wenn man ihn darauf ansprach, dass es nur aus Neugier sei. Dann erzählte zur Krönung, meiner Mutter auch noch einen Witz. Mag ja ein guter Arzt sein, aber Sinn für Humor hat der nicht.

Danach gingen wir dann zurück zur Station. Das Ereignis hatte uns nur noch nervöser gemacht. Auf der Station wurde mir dann mein Zugang gezogen, und wir konnten auch schon wieder gehen. Wegen der Ergebnisse wusste keiner so recht Bescheid, aber wir sollten doch am besten gegen 15:00 Uhr mal auf der Station anrufen.

Das Pet-Ergebnis

Erster April – eigentlich der Tag der Verarschungen, doch wir warteten den ganzen Tag darauf, ein echtes Ergebnis zu bekommen. Um 15:00 Uhr waren wir alle sehr nervös, und zu unserem Pech wurde uns auf der Station auch noch gesagt, dass zur Zeit kein Arzt da ist, der was von den Ergebnissen weiß, wir sollten am besten bei der Zentrale Frau Dr. L. anfunken lassen oder in der Poliklinik anrufen, wo jetzt wahrscheinlich schon keiner mehr sein würde.

Wir hatten uns also für die Zentrale entschieden und riefen dort an, wir mussten einen Moment warten, und dann wurde uns gesagt, dass wir in fünfzehn Minuten noch einmal anrufen sollen, weil Frau Dr. L. sich die Bilder noch nicht angeguckt hatte. Ziemlich nervös warteten wir also noch eine Weile. Als wir dann wieder anriefen, hatten wir das Pech, dass Frau Dr. L. nicht zu erreichen war.

Je länger wir warten mussten, desto nervöser wurden wir. Als wir sie dann beim nächsten Mal erreichten, kam der nächste Schock. Sie sagte uns, dass das Ergebnis ergeben hat, dass der Tumor immer noch Glukose aufnimmt. Also dass er nicht, wie wir uns das erhofft hatten, tot ist. Ich hörte mir das nur eine kurze Weile an, fing an zu heulen und lief auf mein Zimmer.

Ich konnte das einfach nicht glauben. Ich hatte fest daran geglaubt, dass der Tumor tot ist. Und ich konnte nicht fassen, dass der ganze Scheiß nun weitergehen sollte. Ich wollte keine Behandlungen mehr, ich hatte doch nun genug Scheiße mitgemacht. Mein Vater kam mir hinterher und versuchte mich zu beruhigen, ich wollte und konnte aber nicht, ich musste nun alles, was mich bedrückte, einfach aus mir rauslassen und sonst gar nichts. Ich war total fertig und total am Ende mit meinen Nerven.

Meinem Vater kamen auch die Tränen. Wir alle hatten gehofft, dass es so gut wie vorbei wäre. Aber das ist es nicht. Wir gingen dann wieder runter, schließlich war da noch ein Gespräch am Tele. Unten am Tele teilte Mama mir dann mit, dass Frau Dr. L. sich mit den Operateuren noch mal absprechen würde, da es keine andere Möglichkeit mehr gäbe, als zu operieren.

Ich war im ersten Moment wieder etwas mehr geschockt, aber es war ja eigentlich logisch, dass es nun keine andere Möglichkeit mehr gibt. Wir hatten schließlich alles schon durch. Ich versuchte mich etwas zu beruhigen, hatte aber nicht sehr viel Erfolg damit. Als ich oben wieder heulend auf meinem Bett lag, meine Eltern rausschickte und meinen Freund anrief, wusste er sofort, was los ist. Dass ich heule, kann ja schon nichts Gutes bedeuten, denn Freudentränen hören sich auch anders an.

Ich erzählte ihm alles und auch er war ziemlich fertig. Besonders scheiße war, dass er nicht zu mir konnte, weil es ihm nicht gut ging. Dieser Tag war doch echt beschissen. Ich versuchte daraufhin Anne, eine meiner besten Freundinnen zu erreichen, jedoch erfolglos. Dann rief ich Mike an, in der Hoffnung, dass Vera wie oft bei ihm ist, doch auch da lag ich falsch. Wenn man sie mal braucht, sind sie nicht erreichbar.

Mike schnallte jedoch sofort, dass was nicht in Ordnung ist, kein Wunder, so wie ich klang. Daraufhin kam er mit Marc sofort vorbei. Ich war total aufgelöst, hatte mich aber schon wieder beruhigt. Um weniger daran zu denken, ging es dann auf die Piste. Ich rief dann noch Vera an, damit sie wieder nach Wassenberg kommt und bei mir pennt, damit ich noch wen bei mir hab in der Nacht. Ich ging dann mit zu Mike, und wir warteten dort auf Vera. Ich redete zwar noch mehrere Male darüber, aber nach einiger Zeit ging es mir so weit besser, dass ich zumindest nicht mehr heulen musste.

Es war schon ein Schock, den ich nicht noch mal miterleben möchte. Auf den Geistheiler, der uns ja versichert hatte, dass der Tumor weg sei, hatte ich nun eine Wut. Zu dem wollte ich ganz bestimmt nicht mehr. Der labert ja sowieso nur Müll. Na ja, jetzt hieß es erst einmal, bald Ferien genießen und den ganzen Kram noch mal in Ruhe überdenken und abwarten, was auf einen zukommt.

Medikamente

Am 6. April 2004 sind wir wieder zum Klinikum zur Kontrolle. Ich hatte eine Weile vorher Morphium-Pflaster bekommen, welche ich aber nicht vertragen hatte. Ich hatte nur daran rumgekratzt und war total allergisch gegen die Dinger. Meine Haut juckte die ganze Zeit, ich war ziemlich müde, und meine Verdauung wurde auch in Mitleidenschaft gezogen. Daher hatte ich die Pflaster von meinem Körper abgemacht, und wir brauchten nun ein anderes Medikament gegen die Schmerzen. Diesmal verschrieb Frau Dr. L. uns 10 mg-Morphium-Tabletten.

Sie sagte, dass es kein besseres Medikament gegen Schmerzen gäbe. Wir mussten uns dann halt 'nen Plan machen für die Tabletten, um das irgendwie hinzukriegen. Außerdem wurde noch besprochen, wie es denn nun weitergeht. Sie sagte, dass sie einen Chirurgen gefunden hat, der mich operieren würde. Dieser wäre aber in einem anderen Krankenhaus, und zurzeit wäre er noch in London, um sich mit einem anderen Kollegen abzusprechen.

Sie klärte uns vorweg auch schon über einige Risiken auf und sagte einiges, was mir nicht gefiel, und einiges, wo mir so richtig die Tränen kamen. Ich war völlig außer mir, ich kam in dem Moment auf gar nichts mehr klar. Ich wusste auch nicht genau, was nun mein Problem war. Ich hatte irgendwie mit allem ein Problem. Auch das ging nach längerer Zeit wieder. Was mich besonders störte, war die Tabletten-Chemo, die ich nun wieder habe. Ich hatte Angst um meine Haare, da ich ja schon wieder glücklich bin, dass diese wieder da sind.

Bis zur nächsten Kontrolle, die am 13.04.04 war, probierten wir das mit den Morphium-Tabletten aus, und wir fanden raus, dass es zu wenig war beziehungsweise nicht ausreichend half. Am 13.04. bekamen wir dann jeweils 20 mg morgens und abends verschrieben.

Danach mussten wir auf das Gespräch im Franziskus-Krankenhaus warten, was am Freitag anstand.

Jenni zu Hause im Garten – April 2004

Franziskus-Krankenhaus

Um 15:00 Uhr hatten wir einen Termin im Franziskus-Krankenhaus. Wir waren eine Stunde zu früh da und mussten daher noch eine Weile warten. Es ist ein Stück vom Klinikum entfernt. Wir saßen solange draußen beim Café. Draußen ist eine schöne Gartenanlage. Ich denke mal, dass das die Patienten auch ein bisschen ermutigt. Als wir reingehen wollten, trat Frau Dr. L. zu uns. Wir gingen zusammen rein und redeten mit Dr. J.B.

Als Erstes sagte er, dass er mit einem Kollegen in London geredet hat und dass dieser auch meint, dass es unbedingt operiert werden muss. Er sagte, dass natürlich viele Risiken bestehen, da es keine risikofreie OP sein wird, zum Beispiel könnte es sein, dass mein Ellenbogen oder meine Schulter hinterher nicht mehr so zu bewegen sind wie vorher – oder vielleicht auch gar nicht. Dass es auch sein kann, dass man das dann noch beheben kann, aber dass es auch sein kann, dass der Arm so bleibt oder Restschäden bleiben.

Es könnte auch sein, dass meine Hand nicht mehr funktioniert. Was sie aber auf jeden Fall versuchen zu vermeiden, da man das auch nicht mehr beheben könnte. Dass die Schulter nicht mehr funktioniert, ist seiner Meinung nach der größte Schaden, der bleiben könnte. Außerdem könnte es noch sein, dass meine Pupille am linken Auge kleiner wird und das Lid etwas runterhängt, wenn sie einen bestimmten Nerv zertrennen sollten. Ist aber eher unwahrscheinlich.

Außerdem läuft an meinem Hals eine sehr große Arterie zum Hirn, welche nicht verletzt werden darf, und damit das auch nicht passieren kann, muss ich vorher zu einer Untersuchung ins Klinikum, wo eine weitere Angiographie gemacht wird, um diese Arterie erst einmal ruhigzustellen. Ich sollte dann wahrscheinlich am 20.04. den Termin zum Vorgespräch haben für die Angiographie, und am 21.04. soll diese gemacht werden, damit so bald wie möglich operiert werden kann.

Die große OP

Als ich am Montagmorgen, den 26.04.04 ins Franziskus-Krankenhaus von meinen Eltern eingeliefert wurde, wurde ich immer nervöser. Ich kannte in diesem Krankenhaus niemanden und wunderte mich schon, als ich auf mein Zimmer kam. Es war ein leeres 3-Bett-Zimmer mit einem Waschbecken und einem Vorhang zum Umschließen. Außerdem war da ein Tisch, der vor einem riesigen Fenster stand, das man sogar öffnen kann.

Um 7:30 Uhr gab mir die Schwester eine Beruhigungstablette und zog mir Thrombosestrümpfe an. Diese Dinger waren mir direkt unsympathisch. Da ich derzeit aber auch eine Pilzentzündung hatte und ich diese auch vor der Schwester erwähnte, musste ich unter mein OP-Hemd eine blöde Netzunterhose mit einer Binde anziehen. Ich lag nervös im Bett und wartete, dass es endlich losgeht. Oben an einer Stange über meinem Bett, wo ein Dreieck zum Festhalten dran war, hingen eine Schildkröte, ein Elefant von der Station und ein OP-Schwein, das von meiner Cousine Anita war. Diese sollten mich zu meiner OP begleiten.

Um 8:00 Uhr kam dann die Schwester rein und rief: „Hier ist der Schlummerlandexpress!" Nun geht es also los. Meine Mom und mein Dad gingen mit, solang sie durften. Als ich dann vor dem OP ankam, hatte ich irgendwie Angst. Ich war an einer Übergabe. Ich lag auf einer Plattform, die sich verschob und hatte mich total erschrocken, weil ich dachte, ich falle auf den Boden. Die Tränen standen mir in den Augen, und ich war nervöser als je zuvor. Ich kam dann auf den OP-Tisch, der mit einer Art Luftmatratze ausgepolstert war.

Als ich dann plötzlich mit zwei Schwestern alleine war, die um mich rum alles vorbereiteten, fiel es mir immer schwerer, meine Tränen im Zaum zu halten. Mir wurde dann ein Zugang gelegt, und ich bettelte förmlich nach der Narkose. Es stellten sich mir noch einige Ärzte vor, und dann war ich auch schon weg. Ich hatte jedoch vorher noch nach Bildern gefragt, doch meine Frage blieb jetzt erst mal eine sehr, sehr lange Zeit unbeantwortet.

Als ich aufwachte, lag ich auf der Intensivstation, und meine Eltern saßen auch da. Jedoch hatte ich meine Augen nur einen kurzen Moment offen. Als ich zum ersten Mal bewusst richtig aufwachte, hatten wir 21:00 Uhr. Ich wollte mich dann bewegen und bekam einen Riesenschreck. Ich dachte, mein Arm wäre gelähmt. Ich konnte ihn nicht bewegen und hatte riesige Angst. Außerdem wollte ich meinen Kopf gerade legen, was ich aber nicht konnte. Mir tat alles weh, und ich weinte, ich rief nach irgendwem.

Es kam eine Schwester. Sie sagte, ich habe einen Verband um meinen Arm, und meinen Kopf drehen dürfte ich nicht. Ich ließ mir ein paar Mal das Kissen wechseln. Doch es brachte alles nichts. Ich heulte immer wieder. Ich hatte Schmerzen und war alleine im Dunklen und sah außer einer kahlen Wand nur eine Uhr, auf der die

Zeit nur langsam verging. Ich wachte jede Stunde mindestens einmal auf.

Am nächsten Morgen kam eine andere Schwester zu mir. Sie zog mir den Zugang, unter dem mittlerweile schon ein dicker blauer Fleck war. Sie zog auch den Blasenkatheter raus. Sie wollten, dass ich aufstehe. Ich wusste gar nicht, wie ich das anstellen soll. Zum Waschen zogen sie mir die Thrombosestrümpfe aus, und als ich dann mit Mühe und Schmerzen saß, wollte ich schon net mehr. Ich konnte mich gar nicht halten. Es kam mir vor, als wenn mein Arm Tonnen wog. Doch ich musste sitzen bleiben. Sie stopften mir zwei Kissen unter den Arm, um es mir etwas zu erleichtern. Als ich aufstehen musste, war ich noch sehr labil. Ich konnte gar nicht alleine stehen, weil ich sonst zur Seite kippte. Aufstehen war eine Qual. An meiner Ferse hatte ich auch etwas, weshalb ich nicht richtig auftreten konnte. Ich war echt froh, als ich endlich wieder im Bett lag.

In der Nacht hatte ich Halluzinationen. Ich sah in meinem Zimmer immer eine Toilette, und am nächsten Morgen war es ein Waschbecken.

Schon komisch, aber nach einer 9-Stunden-Narkose sollte man so etwas wohl nicht allzu ernst nehmen. Ich kam dann runter auf mein eigentliches Zimmer, das immer noch leer stand.

Am ersten Tag gab es schon eine Menge Schwierigkeiten. Die Schwestern wollten doch tatsächlich mit mir im Flur auf die Toilette gehen, obwohl ich nicht einmal sitzen konnte. Ich bekam dann einen Toilettenstuhl auf mein Zimmer. So wie auf der Intensiv, weinte ich auf der

Station E nur. Und ich wusste meistens gar nicht, warum. Als Mama mich mit Kitty besuchte, hatte Mama sich ganz elegant vors Krankenhaus geschmissen. Sie hatte die Nase aufgeschrabt, einen dicken blauen Fleck am Kinn und Blutergüsse an den Händen, Handgelenken, und Knien, außerdem auch die Ellenbogen aufgeschrabt. Es sah zum Schießen aus, wie so ein bunter Marienkäfer, obwohl sie mir ja schon leidtat.

Mama besuchte mich jeden Tag und brachte immer jemanden mit. Am Dienstag war es Kitty, aber, wie gesagt, es war noch nichts mit mir los. Ich hatte nur Schmerzen und weinte nur. Die Schwestern redeten mir immer gut zu, schließlich war es ja der erste Tag nach der OP. Der zweite Tag war auch noch was kompliziert, aber von da an ging's aufwärts. Ich bekam viel Besuch. Mom brachte Anita auch mal mit und hatte mit Papa und Thomas zwei Überraschungsbesuche organisiert. Am dritten Tag ging ich dann mit den Schwestern auch schon auf die Toilette, die leider auf dem Flur war, und zu meinem Pech hatte ich am Mittwoch auch noch meine Tage bekommen. Ich musste mich nun aufraffen und längere Wege gehen, weil ich am Freitag nach Hause wollte.

Als ich Mittwochmorgen aufwachte und mit den Schwestern zum Waschbecken ging, erschrak ich und fing bitterlich an zu weinen. Mein Augenlid hing ein wenig runter. Die Schwestern bekamen mich nicht beruhigt. Ich rief sofort nach dem Waschen Mama an und sagte: „Ich bin entstellt". Sie redete auf mich ein und nach einer Weile ging es wieder.

Ich ging am Mittwoch schon sehr viel. Als Mom und

Anita in der Cafeteria essen waren, da hatte ich mich mit einer älteren Frau, die eigentlich gar nicht mitgehen sollte, rausgeschlichen. Anita hatte mich zuerst gesehen und sagte: „Da ist Jenni!". Mom hatte sich deswegen total erschrocken. Ich ging dann zu ihnen, und vor lauter Schreck konnte Mama nichts mehr essen.

Wir gingen dann noch was raus und danach wieder aufs Zimmer. Jeden Tag kamen mich der Narkosearzt und der Operateur besuchen, um zu fragen, wie es mir geht. Der Doc sagte dann, dass ich am Freitag den Verband abkriege und eine Schlinge bekomme. Außerdem sollte am Donnerstag die Wundsekretflasche, die mit einem Schlauch in meinem Hals steckte, rausgezogen werden. Am Donnerstagmorgen fing es an. Es ging mir schon richtig gut, und ich hatte mich schon allein gewaschen und saß am Tisch und frühstückte. Nachdem die Schwester mir dann mein Brötchen geschmiert hatte, meinte sie, sie muss an der Flasche noch was vorbereiten. Ich aß genüsslich, auf einmal ist an meiner Wunde etwas wie ein Sog, als ob alles aus meinem Hals mit aller Kraft rausgezogen wird, was nur geht.

Ich fing laut an zu heulen, ich war nicht einmal in der Lage, zu Ende zu kauen und runterzuschlucken. Ich konnte nicht mehr aufhören zu weinen, es tat alles so weh. In meiner Flasche war kein Vakuum mehr. Sie hatte eine neue Flasche dran gemacht und das Vakuum hat das restliche Blut und den Eiter abgesaugt. Ich wollte sofort zurück in mein Bett. Ich hatte sehr große Schmerzen, die Schwester meinte, das beruhigt sich direkt wieder, aber mir kam das anders vor. Ich bekam eine Beruhigungs-

Schmerztablette. Als ich mich so einigermaßen wieder beruhigt hatte, aß ich auf und schlief dann ein.

Es war ein richtiger Schock für mich. Die Schwester hätte auch warten können, bis ich aufgegessen hatte. Gegen Nachmittag, als Mama schon da war, kam auch der Doc. Es sagte, dass die Flasche auch erst am Freitag rauskommen sollte, doch ich hatte solche Panik davor und war so am Jammern, dass er sie doch sofort ziehen wollte. Er holte eine Schwester und piddelte das schmerzhafte Pflaster ab. Ich weinte, weil ich Angst hatte. Er verstand das im ersten Moment nicht. Die Flasche an sich rauszuziehen, tat nicht weh, aber das Pflaster abmachen dafür umso mehr. Hinterher weinte ich noch mehr, ich wusste nicht warum, wahrscheinlich aus Erleichterung. Dieser Tag war schon heftig gewesen.

Am Freitag kam dann endlich mein Verband ab, er war ziemlich unbequem und total warm und er ging über den ganzen Arm, die linke Brust und um den Bauch. Dann bekam ich in der Chirurgie eine Schlinge, aber nicht eine gewöhnliche Schlinge, sondern eine, die um mein Handgelenk geht, von da aus hoch über den Rücken nach links, dann um den Bauch über den anderen Verband, um den Rücken rum und von innen um den Oberarm rum nach hinten zu. Also praktisch um meinen ganzen Oberkörper. Aber immerhin war ich von dem anderen Ding befreit.

Nach der Hochzeit von meinem Cousin kamen Mom und Dad zu mir. Sie hatten mir was zu essen vom Chinesen mitgebracht. Als dann alles abgeklärt war, fuhren wir nach Hause.

Das Drama zu Hause

Als wir dann zu Hause ankamen, wollte ich mich hinlegen, und dann sah ich es, mein heiß geliebtes Wasserbett, was im Moment total unpraktisch war, da es sehr schwer ist, darauf eine Schräge zu bauen. Mama hat dann mit meinem Herzkissen, den drei kleinen Kissen, zwei Decken und meinem normalen Kissen, eine Schräge gebaut.

Die erste Woche lag ich nur auf dieser Schräge, und das tat meinem Rücken gar nicht gut. Ich sollte viel aufstehen, weil ich keine Thrombosestrümpfe anhatte und auch keine Thrombosespritzen bekam. Die ersten Wochen war es alles sehr schwer, immer wieder eine bequeme Schräge zu bauen, irgendwie darauf liegen zu können und sich zum Rumlaufen zu quälen. Außerdem hatte ich auch noch jede Menge Tabletten zu nehmen. Obwohl wir welche weggelassen hatten, denn als ich mal im Klinikum war, wurde mir gesagt, dass ich das Morphium öfter nehmen soll, damit ich weniger Schmerzen habe.

Alleine anziehen, auf die Toilette gehen, mir was zu essen machen, konnte ich auch nicht, und ich hatte deswegen auch andauernd wen um mich rum, und meine Mutter war des Öfteren auch ganz schön im Stress. Es wurde aber mit jedem Tag etwas besser und nach einiger Zeit konnte ich auch schon was flacher liegen und alleine auf die Toilette gehen. Da Fernsehgucken zur

Seite nicht so einfach ist, mussten Mom und ich unsere Fernsehabende von ihrem Bett in meins verlegen.

Nach zirka zwei Wochen ging es mir dann schon wesentlich besser, ich konnte schon wieder ziemlich flach liegen. Und am 12. Mai war dann ja auch schon mein Geburtstag.

Mein 16. Geburtstag

Um 6:45 Uhr ging es los. Mein Schlaf war vorbei. Die erste SMS hatte mich geweckt. Da ich aber noch vorhatte zu schlafen, las ich sie noch nicht. Doch um kurz vor acht Uhr kamen die nächsten drei SMS hintereinander. Dann etwas später noch mal eine und um 10:45 Uhr wieder eine. Ich dachte, ich werde verrückt, können die das denn nicht machen, wenn ich wach bin. Aber nein, als ich dann aufgestanden war, kam keine einzige SMS mehr.

Was ich an meinem Geburtstag nicht so schön fand, war, dass ich immer noch Moms Klamotten anziehen musste, da mein Arm immer noch gefesselt war. Ich wollte nachmittags im kleinen Kreis feiern. Thomas, Marc, Mike, Anne, Vera und Kitty und Anita waren eingeladen. Aber das mit dem kleinen Kreis war wohl nichts. An diesem Tag waren insgesamt zwanzig Leute dagewesen.

Und es ist auch nicht alles so gelaufen, wie ich mir das vorgestellt hatte. Ich lag nämlich nachher im Bett, weil ich k.o. war und Bauchschmerzen hatte. Trotzdem war es schön, dass so viele Leute an mich gedacht hatten, mir SMS geschrieben, mich angerufen oder im Internet angesprochen haben und natürlich auch gekommen sind.

Als dann die meisten weg waren und nur noch Anne, Marc, mein Schatz und ich da waren, ging es auch wieder und wir haben zum Abschluss noch Döner gegessen.

Mein Leben geht weiter

Am Freitag, den 14.05.04 fuhr ich nach Aachen und mir wurde gesagt, dass ich mehr an die frische Luft muss, ich wollte zuerst nicht, habe mich dann aber doch aufgerafft. Am Samstag feierte Ramona Geburtstag, und ich hatte eigentlich nicht vor hinzugehen. Aber nachdem ich den ganzen Tag mit Thomas in der Küche stand, um was zu kochen und auch zum Penny-Markt gegangen bin, fühlte ich mich auch fit genug für eine Party.

Meine Mutter fand das nicht so gut, und ich sollte sie um 22:00 Uhr anrufen. Um 20:00 Uhr war ich dort, und im Laufe des Abends wurde es auch richtig cool. Ich bin

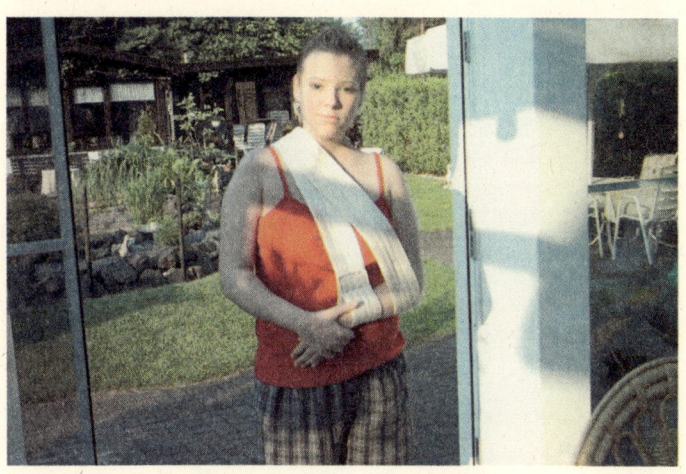

Jenni im Garten – Juni 2004

schließlich dann bis Mitternacht geblieben und ich fühlte mich trotz des Alkohols, den ich nicht einfach ignorieren konnte, gut. Die Tage drauf ging es mir auch immer besser, und am 17.05.04 lag ich sogar schon auf der Liege und sonnte mich.

Der Tag des Verbands

Am 18.05.04 war es soweit. Ich durfte meinen Verband abmachen. Aber ich traute mich irgendwie nicht richtig. Ich ging davon aus, dass es wehtun wird und als ich dann am Morgen aufwachte, dachte ich mir, ich probier es lieber mal alleine, bevor ich nachher genervt werde. Ich zog meinen Arm aus der Schlinge und merkte, dass der Unterarm sich nicht von alleine bewegen ließ. Es war also Üben angesagt. Ich probierte schon mal ein bisschen hin und her und merkte, wo meine Grenzen sind. Ich ließ die Schlinge erst noch dran.

Nachdem ich dann im Wintergarten länger saß und mein Mathelehrer nicht kam, dachte ich mir, wieso gehe ich nicht eine Stunde zur Schule. Ich zog mich schnell um und ging los. Ich traf dort auf meine Deutschlehrerin Frau E. und meine Englischlehrerin Frau P. Da stellte sich dann raus, dass mein Mathelehrer Herr B. gerade auf dem Weg zu mir war, und Mom mir die falsche Zeit gesagt hatte. Frau P. rannte ihm schnell hinterher und sagte ihm Bescheid.

Ich ging dann mit in die Gl-Stunde, wo aber kein Gl gemacht wurde, sondern eine Besprechung über die Abschlussfeier. Obwohl mir Gl lieber gewesen wäre. Ich blieb dann noch bis zur Pause, in der ich vielen Schülern begegnete, die ich kenne. Und danach war eine Aufführung in der Mensa, die ich mir auch noch ansah. Ich hatte den Morgen also schon viel gemacht.

Dann noch ein bissel PC Spielen, Fernsehschauen und endlich stand die Sonne über den Liegen. Ich ging dann raus und sonnte mich, jedoch schlief ich ein und wachte nach zwei Stunden wieder auf. Mittlerweile war es 18:00 Uhr. Als ich rein ging, kam auch schon Mom nach Hause.

Um 19:00 Uhr war dann der Höhepunkt des Tages, ich sollte, beziehungsweise wollte auch unter die Dusche. Mein Verband wurde abgemacht und ein Hocker in die Dusche gestellt. Ich setzte mich auf den Hocker und hielt meinen Arm fest. Mom wusch meine Haare und meinen Körper. Danach zog ich zum ersten Mal nach vier Wochen mein eigenes Top wieder richtig an. Und ich muss sagen, ich war richtig erleichtert. Wir probierten dann noch eine andere Möglichkeit zu finden, die Schlinge umzubinden, ohne sie um den ganzen Körper wickeln zu müssen. Nun war ich wieder ein Duftkücken und man konnte es in meiner Nähe aushalten.

Scheiße war nur, dass ich mir anscheinend einen leichten Sonnenstich geholt hatte, denn ich hatte die ganze Zeit Kopfschmerzen. Aber nun war es vollbracht und nun muss ich nur schön weiter üben und auf den MRT-Termin warten.

Meine erste Krankengymnastik

Bis zu meiner Krankengymnastik war es noch eine Zeit hin. Wir wussten noch nicht, wo wir die machen wollen, denn wir brauchten auch Bewegungs-Schwimmen, und alles zusammen wäre natürlich praktischer. Ich durfte meinen Verband zwar abnehmen, aber so richtig traute ich mich das doch noch nicht so. Schließlich müsste ich den Arm dann ja immer tragen, denn sonst fällt er runter, und das wäre mir echt zu stressig.

Jedoch probierte ich schon etwas mit ihm rum, wie weit ich ihn ausstrecken kann, wie weit er hoch, runter oder zur Seite geht. Er konnte nicht sehr viel. Aber ich bekam ja auch bald KG. Wir hatten uns dann für das Rehazentrum in Hückelhoven entschieden. Dort gibt es, wie wir rausfanden, nicht nur Massagen, Bewegung-Schwimmen und KG, sondern auch Geräte aus einem Fitnessstudio. Es ist echt cool dort, und die Leute sind auch nett. Trotzdem gehe ich ja nicht einfach so dort hin.

Am 25.05.04 war meine erste KG. Meine Krankengymnastin hat als Erstes meine Daten aufgenommen, und halt auch, wie das alles rausgekommen ist mit dem Krebs, und so weiter. Danach hat sie geguckt, was mein Arm zurzeit alles kann. Es war etwas schmerzhaft, sie das austesten zu lassen. Danach wurde ich dann eine Weile massiert und mir wurden Übungen für zu Hause gegeben. Dann waren die zwanzig Minuten auch schon um.

Das wichtige MRT

Am Mittwoch, den 26.05.04 war es dann so weit. Das MRT, auf das wir alle gewartet hatten. Ich war gespannt, was die OP denn nun gebracht hatte. Wir hatten alle gehofft, dass er nun endlich weg ist. Wir waren um 12:00 Uhr im Klinikum und mussten wie immer sehr lange warten, wie immer wurde mir auch gesagt, dass ich zirka zwanzig Minuten da drinliege, ich lag aber fast eine Stunde. Wir haben natürlich hinterher auch kein Ergebnis bekommen ... wie immer. Wir mussten also bis zum nächsten Tag warten. Wir waren total nervös.

Mama rief um 15:00 Uhr an, aber wir bekamen wieder mal eine Absage. Wir sollten später noch mal anrufen. Wir wurden wie jedes Mal dabei auf die Folter gespannt. Wir mussten weg und Mom rief um 17:00 Uhr noch mal an. Frau Dr. L. sagte uns, dass sich immer noch Glukose angesammelt hat. Zum einen, ist Tumor in den Wirbel reingewachsen, und zum anderen sind sie sich nicht sicher, ob bei der Wunde noch Tumor ist oder ob die Wunde ansammelt, weil sie am Heilen ist. Es wäre nämlich normal, dass die Wunde ansammelt, deswegen könnte man dazu nichts sagen. Und das MRT wäre auch eigentlich viel zu früh gemacht worden. Alles andere sollte im Krankenhaus besprochen werden.

Am 02.06.04 sind wir dann wieder zum Krankenhaus, um uns den Rest anzuhören. Sie teilte uns mit, dass es

nun eine neue Möglichkeit gebe, nämlich Hyperthermie, das wäre irgendwas mit Lasern, und Dr. M. würde
nachfragen. Für die Hyperthermie müssten wir nach
Düsseldorf. Wir hatten kein so gutes Gefühl dabei, obwohl ich das immer noch besser fand als Chemo. Aber
meiner Mutter gefiel das nicht so richtig, auch wenn sie
nichts sagte.

Mein erstes Bewegungsbad

Am 07.06.04 war mein erstes Bewegungsbad. Ich war schon gespannt, wie das sein würde und mit wem ich das hatte. Beziehungsweise: Mit *wem* wusste ich schon, aber wie er aussah. Ich hatte das Becken schon vom Überwachungsmonitor gesehen und hatte daher schon eine leichte Ahnung, wie es dort aussieht. Als wir ankamen und uns der Weg gezeigt wurde, kam uns der Therapeut auch direkt entgegen. Er zeigte uns dann wo die Umkleiden sind und das Becken.

Ich hatte meinen neuen blauen Bikini an, der von meinem Verband, auch direkt schon etwas mit dem Klettverschluss kaputtgemacht wurde. Nach dem Umziehen ging ich mich abduschen und danach ins Bewegungsbad. Ich muss sagen, der Therapeut sieht gar nicht mal schlecht aus. *g* Aber wir sind ja nur aus einem Grund da, nämlich der Gymnastik, außerdem hab ich ja auch einen Freund, und er wäre viel zu alt für mich. Aber zum Glück ist Gucken nicht verboten. Hehe.

Als er dann jedoch mit mir im Wasser war, wurde er mir direkt schon ein bisschen unsympathischer. Er tat was mit meinem Arm, was mein Arm und ich nicht wollten. Er meinte, ich würde ihn noch hassen, weil es halt noch hart wird mit dem Üben auf Dauer, trotzdem müsste ich ihm vertrauen. Ich sagte dann zu ihm: „Ich vertraue aber niemandem, den ich hasse", *g*. Joa, joa, so ist das. War aber schon irgendwie ganz lustig. Ich übte auch mit so kleinen Schwimmbrettern, wo ich meine Hand drauflegen und sie dann zur Seite bewegen musste. Nach den zwanzig Minuten duschte ich mich dann ab und zog mich wieder um. Es war schon anstrengend, obwohl es ja auch ziemlich angenehm warm in dem Wasser war.

Schmerzambulanz und Poliklinik

Am 09.06.04 mussten wir dann wegen meiner Schmerzen zur Schmerzambulanz. Außerdem wollten wir die Ergebnisse wegen der Hyperthermie wissen. Wir gingen zuerst zur Schmerzambulanz. Wir waren schon zum zweiten Mal dort. Als wir das Mal davor im Krankenhaus waren, wurden uns dort neue Tabletten gegeben, und diesmal waren wir zur Kontrolle dort. Es blieb alles wie beim Alten. Es ging relativ schnell, und wir waren in der Poliklinik.

Dr. M. sagte uns, dass das mit der Hyperthermie nicht geklappt hätte, und dass wir nun zwei Möglichkeiten hätten: nämlich Chemo und Operation. Es wäre eine Tabletten-Chemo auf längere Zeit und keine, für die ich stationär bleiben müsste. Trotzdem wollte ich auf gar keinen Fall Chemo machen. Es war mir egal, was er dazu sagte. Ich wollte erst wissen, ob Dr. J.B. operieren kann oder nicht, und solange blieb ich stur. Wir fuhren dann nach Hause. Mom bequatsche mich wegen der Chemo. Aber ich wollte einfach nicht darüber reden.

Am 22.06.04 mussten wir dann wieder zur Schmerzambulanz, weil meine Schmerzen immer stärker wurden. Wir redeten über meine Tabletten und wechselten einige Tabletten in der Menge und so weiter. Wir hofften, dass mir das nun helfen würde, denn der Urlaub war nicht mehr so weit entfernt.

Am 27.06.04 hatte ich trotzdem sehr starke Schmerzen. Am 28.06.04 jedoch war es schon soweit, dass ich nach der Krankengymnastik meinen rechten Arm nicht mehr hochheben konnte. Ich war total geschockt und auch total verwirrt, denn ich wusste einfach nicht, wieso der Arm nun auch noch ausfällt. Ich hatte eine echt total beschissene Vermutung. Es könnte ja auch sein, dass der Tumor auf die rechte Seite rübergewachsen ist und da nun genau dasselbe wie mit dem linken Arm macht.

Am 29.06.04 sind wir dann noch einmal zur Schmerzambulanz gefahren, um endgültig ein Tabletten-Schema zu bekommen, das mir auch hilft. Wir unterhielten uns dann mit Frau Dr. L. und sie sagte, dass sie möchte, dass ich am nächsten Tag ein MRT mache, auf Grund der Schwächeerscheinungen in meinem rechten Arm.

Das MRT dauerte wie immer ziemlich lange. Wir wollten natürlich schnell das Ergebnis haben, weil am nächsten Tag Urlaub angesagt war. Wir warteten und warteten, und als wir dann endlich zu Frau Dr. J. kamen, sagte sie uns, dass sie nichts Genaues wüsste, aber wir sollten nach Hause fahren, und sie würde uns auf jeden Fall anrufen, egal, wie es aussieht. Glücklich waren wir nicht darüber, aber wir hatten ja immer noch die Hoffnung, dass sie uns am Telefon was sagt. Wir fuhren dann nach Hause und warteten.

Ich ruhte mich auf meinem Bett aus. Mama erzählte mir nachher, dass Frau Dr. J. uns schon von unserem Urlaub abhalten wollte, weil sie nichts in Erfahrung bringen konnte, jedoch hatte Frau Dr. L. ja gesagt, dass wir ruhig fahren sollen und vom Urlaub aus anrufen können.

Endlich eine Woche Urlaub

Endlich hatten wir eine Woche Ruhe von allem, keine weißen Kittel mehr, keine Ärzte, keine Chemo und kein Krankenhausgeruch.

Am 01.07.04 ging es ab nach Belgien. Es sollte um 7:30 Uhr losgehen, doch ich veränderte den Plan, denn ich hatte sehr große Schmerzen und heulte nur. Zwischenzeitlich gab es das nächste Problem: Wohin mit dem ganzen Krempel? Wir hatten vier Koffer, viermal Bettdecken und Kopfkissen, noch ein paar Tüten, und somit war der Kofferraum randvoll, auch ohne Bettzeug, deswegen nahmen wir das mit auf die Sitze. Als wir dann um neun Uhr soweit waren, ging es ins Auto und ab die Post.

Ich hatte die erste Zeit noch Schmerzen, doch nach einer Weile ging es dann, und ich schlief fest ein. Da zwei Stunden eingeplant waren, hatte ich ja noch genügend Zeit zum Schlafen. Als ich wieder aufwachte, hatten wir schon 12:00 Uhr, irgendwas stimmte da nicht. Papa hatte sich verfahren und ich sehr lange geschlafen. Um 12:30 Uhr waren wir dann aber doch in Oostduinkerke.

Wir parkten direkt am Strand vor der Spielstraße. Als Erstes besuchten wir den Strand. Es war sehr windig, und Thomas sah zum ersten Mal das Meer. Mom und Dad gingen dann den Schlüssel holen, wollten sie zumindest, doch sie kamen mit leeren Händen zurück. Es

144

war Mittagspause. Weil wir alle ziemlich kaputt waren, aßen wir im „Strandcafé Rubens" zu Mittag. Mir bekam das Essen dort nicht sehr gut und deswegen setzten Thomas und ich uns ins Auto.

Nachdem meine Eltern dann zum zweiten Mal den Schlüssel holen gingen, konnten wir auch endlich in die Wohnung. Als wir die Zimmer verteilt, ausgepackt und die Wohnung erkundet hatten, ruhten wir uns eine Weile aus. Mom und Dad hatten noch einiges zu erledigen, Telefonieren und Einkaufen mussten sie auf jeden Fall noch. Thomas und ich gingen in der Zeit an den Strand, aber weil es so windig und deswegen auch kühl war, gingen wir zurück in die Wohnung. Mir hatte es auch schon gereicht, denn mein Kopf war knallrot und ich war klatschnass geschwitzt.

Wir legten uns dann ins Bett und schliefen ein. Trotz meiner großen Schmerzen wollten wir abends essen gehen. Wir gingen bis zu einem Pfannekuchenhaus, wo ich rein wollte, das aber zu hatte. Ein paar Schritte weiter waren meine Schmerzen so unerträglich, dass ich mich heulend auf den Boden kniete. Thomas und ich gingen dann langsam nach Hause. Mom und Dad holten uns was vom Chinesen. Auch im Urlaub bin ich wegen meinem Krebs sehr eingeschränkt. Wir machten uns dann einen ruhigen Abend und spielten noch was Rommix.

Als ich dann spät abends auf der Couch im Wohnzimmer lag, dachte ich mir: „Hier möchte ich mit dem Meeresrauschen einschlafen". Das tat ich dann auch mit Thomas, jeder hatte eine Couch für sich und wir hatten das Meeresrauschen für uns.

Am nächsten Tag war das Wetter nicht so berauschend, und deswegen fuhren wir in den Center Park. Die Fahrt dorthin hat sehr lange gedauert, weil wir uns tausendmal verfahren haben. An diesem Tag hatte ich den meisten Spaß, und die wenigsten Schmerzen, denn mit meiner Nudel (Styropor-Schwimmhilfe) im Wasser, habe ich mich richtig wohl gefühlt. Mit der Nudel konnte ich, abgesehen von den Rutschen, überall rein. Ich war im Wellenbad, in der Stromschnelle, im Blubberbad, draußen im Schwimmbad und im Whirlpool

Weil ich so wenig Schmerzen hatte, blieben wir auch bis 19:30 Uhr dort, doch dann hatte meine Mom die Schnauze voll. Zu Hause haben Mom und ich dann geduscht, die Männer waren zu faul zum Duschen. Weil abends meine Schmerzen immer stärker auftreten, lenkte ich mich bis 24:00 Uhr noch mit Rommix-Spielen ab, doch als dann Schlafenszeit war, konnte ich vor lauter Schmerzen nicht schlafen. Ich rief meine Mom noch einige Male. Mitten in der Nacht hatte ich starke Rückenschmerzen, aber nicht normale, es war ein richtig unangenehmes Gefühl. Thomas und ich probierten also wieder die Couch aus, und sie half wahrhaftig.

Am nächsten Morgen weckte mich Mama wegen den Tabletten, und kaum war ich wach, hatte ich wieder Schmerzen. Es war echt schlimm, es verging kein Tag wo ich nicht heulte. An diesem Morgen durfte ich länger schlafen, damit ich wenigstens ein bisschen erholt bin. Als wir meine Schmerzen ein bisschen im Griff hatten, sind wir zum Eurotunnel in Frankreich gefahren.

Dort angekommen, gingen wir in ein Einkaufszentrum

mit jede Menge Geschäften. Ich wollte sie natürlich alle abklappern, doch nach kurzer Zeit konnte ich schon nicht mehr. Wir gingen dann was essen und natürlich Tabletten schlucken. Danach wollte ich mich wieder in die Geschäfte stürzen, doch kaum war ich bei einem, da war mir so flau auf dem Magen, dass ich einfach nur ins Auto wollte. Ich war total kaputt. Ich war ja schon froh, dass ich wenigstens einen Rock und eine Bluse für meine Abschlussfeier bekommen hatte.

Als wir dann im Auto saßen, wollten wir noch nach Calais fahren, den Hafen besichtigen. Die Fahrt dorthin war schon dramatisch, aber die Ankunft noch dramatischer. Als wir ausstiegen und Thomas die Tür öffnete, gab er einem Franzosen, der neben uns stand, eine kleine Beule als Souvenir mit. Der Wind hatte die Türe weiter aufgerissen, es war also nicht Thomas' Schuld.

Ich versuchte mich mit meinen kleinen Französischkünsten mit dem Franzosen zu verständigen. Es kam nicht sehr viel dabei raus. Wir hatten Glück, dass ein anderer Franzose Deutsch konnte, welcher uns dann half die Sache zu klären. Thomas machte in der Zeit Fotos von den Schiffen, die wir ja eigentlich gucken wollten. Ich saß im Auto, weil der Wind den Sand so stark an uns prasselte, dass wir Angst um meine Wunde hatten.

Nach diesem Erlebnis hatten wir dann genug von Calais und fuhren nach Hause. Zu Hause sind wir dann Crêpes essen gegangen, was ich ja schon die ganzen Tage wollte. Abends gingen die Männer dann, nachdem wir ein Casino für Kinder besucht hatten, ein paar trinken und wir spielten, bis wir müde waren, Rommix. Die

Männer wollten noch länger aufbleiben und noch mehr trinken. Wir gingen dann ins Bett. Kurze Zeit später kamen dann auch meine Schmerzen, und Mom gab mir wie jeden Abend noch mehr Tabletten.

Am nächsten Morgen war es schon halb elf, als ich aufwachte, es war später als sonst. Außerdem lag Mom auf der Couch, und Thomas stand am Fenster. Ich wunderte mich, denn auf der Straße war ausnahmsweise mal richtig viel los. Jede Menge Menschen, viele Geschäfte offen, und das an einem Sonntag. Nach dem Frühstück schliefen wir noch eine Runde. Wir machten einen richtig Faulen, es war auch mal schön einfach zu entspannen und nichts zu tun. Trotzdem wollte ich nachher etwas einkaufen gehen. Ich brauchte noch Postkarten und wollte ein paar Klamotten haben. Mama half mir, mich anzuziehen, denn so konnte ich nicht rausgehen.

Als Mama mir mein Deo zweimal falsch an meinen Körper spritzte, fing ich an zu heulen. Ich wusste nicht genau wieso, wahrscheinlich noch nicht einmal deswegen, es musste einfach raus. Ich heulte mit Mama zusammen und plötzlich kam mir der Gedanke: „Was passiert mit meinem Arm, wenn er auch operiert werden muss?" Ich konnte mir die Frage nicht beantworten und hatte deswegen tierische Angst: „Was ist, wenn mein rechter Arm danach genauso kaputt ist wie mein linker und ich dann gar nichts mehr alleine machen kann?" Diese Vorstellung war so schrecklich für mich, dass ich immer wieder anfing zu heulen und nicht mehr aufhören konnte.

Als ich mich irgendwann beruhigt hatte, Thomas und

Papa mittlerweile auch schon bei uns waren, zog ich mich an und wir gingen raus. Als Erstes gingen wir Postkarten kaufen, weil wir unseren Freunden ja noch welche schicken wollten. Danach gingen wir die Promenade entlang nach Klamotten gucken, aber wir fanden keine schönen. Ich hatte die ganze Zeit Schmerzen, und sie wurden kein bisschen besser, andererseits brauchte ich aber auch die Bewegung an der frischen Luft.

Ich setzte mich vor Schmerzen auf den Boden und konnte nicht mehr gehen, aber ich hatte keine andere Möglichkeit. Wir gingen langsam die andere Straßenseite zurück. Zu Hause angekommen, war ich durchgefroren. Ich bekam Tabletten und legte mich auf die Couch. Mama und Thomas machten mit dem Fotoapparat Jagd auf Hubschrauber.

Am nächsten Tag fuhren wir in ein See-Aquarium. Das war mal was für Papa. Dort gab es lauter bunte Fische,

Jenni & Thomas am Strand – Juli 2004

viele verschiedene Arten und Farben. Es gab einen Tunnel, wo man von einer Meereslandschaft umgeben war, außerdem gab es auch noch eine Robben-Show, eine Krabben-Show und vieles mehr. Die Robben-Show haben wir uns angeschaut. Die Robben waren cool.

Am letzten Tag war sehr schönes warmes Wetter, und wir haben ihn für den Strand genutzt. Vorher sind wir, sprich Mom und ich, noch Shoppen gegangen. Die Männer sind schon an den Strand gegangen, um den Windschutz aufzubauen. Ich hab mir eine schöne kurze Strickjacke gekauft. Später lagen Mom und ich auch am Strand, ich hab dort gepennt und Fotos haben wir auch gemacht.

Nach einer Weile ist Thomas hochgegangen, ich kurze Zeit drauf auch. Beim Duschen habe ich gesehen, dass ich von dem bisschen Strand schon richtig braun geworden bin. Nachdem wir alle geduscht hatten, wurde erst einmal alles sauber gemacht und die Koffer abfahrtbereit gepackt.

Abends sind wir essen gegangen. Das war ein wirkliches Drama, wir haben nirgendwo das gefunden, was wir essen wollten. Außerdem hatte ich zwischendurch einen kleinen Kaufrausch und musste noch tausende Sachen anprobieren und kaufen. Als das dann überstanden war, sind wir noch sehr lange rumgelaufen. Um 21:00 Uhr hatten wir dann endlich ein Restaurant gefunden. Wir waren in einem griechischen Restaurant, wo Französisch drin gesprochen wurde.

Nach dem Abendessen haben wir noch Rommix gespielt und dann ging es auch schon ab ins Bett. Ich hatte wie jeden Abend Schmerzen und schlief die letzte Nacht auf der Couch. Nun war es soweit, es ging wieder nach Hause. Dieser Morgen war der schlimmste von allen. Als ich aufwachte, gingen meine Schmerzen wieder los, aber so schlimm waren sie nur am Abfahrtstag. Ich lag auf Mamas Doppelbett und wälzte mich über das Bett, heulte, schrie und flippte völlig aus. Es dauerte sehr lange bis die Schmerzen nachließen und ich mich wieder beruhigte. Wir frühstückten und danach fuhren wir nach Hause.

Die Nachricht – Tod oder Leben?

Am Donnerstag, den 08.07.04 mussten wir nach Aachen. Meine Eltern mussten vorher aber noch alleine weg. Meine Oma half mir zu duschen, damit wir nachher schnell losfahren konnten. Es war schon ziemlich spät und plötzlich kamen meine Eltern nach Hause.

Sie kamen hoch zu mir in mein Zimmer und ich fragte sie, wieso sie so spät kämen. Meine Mutter machte ein sehr trübes Gesicht und sagte: „Wir waren in Aachen!" Ich wusste sofort, da kann was nicht stimmen, und bekam innerlich schon einen Schock und fing an zu weinen. Ich sagte: „Nun sag schon, was los ist, ich will das jetzt wissen!" Sie sagte mir, dass sie bei Dr. M. und Frau Dr. L. waren und dass diese sagten, dass mein Tumor wieder genauso groß wie vorher ist und dass dieser ganz schnell wächst.

Ich heulte immer heftiger, genauso wie meine Mom und mein Dad. Meine Oma saß auch in meinem Zimmer und war auch fassungslos. Mom sagte noch, dass es noch eine Möglichkeit gäbe, und das wäre Chemo. Es wäre meine einzige Möglichkeit, und diese Chemo wurde noch nie an Kindern ausprobiert. Mehr brachte Mama nicht raus, aber Papa sagte dann: „Wenn das nicht hilft, dann wirst du sterben!" Ich war total fertig. Ich wollte nichts mehr hören und ich war total am Arsch. Ich konnte das nicht glauben, das konnte doch nicht sein. Wir heulten alle. Ich rief dann Thomas an.

Als er abnahm, weinte ich so sehr, dass er mich nicht verstand. Als ich es ihm erzählte, sagte er nur: „Ich komm jetzt zu dir, ok? Ich liebe dich!" Danach rief ich Anne an. Rita, ihre Mutter, ging ans Telefon und ich erzählte ihr alles. Auch sie versuchte mich zu trösten, es brachte aber nicht viel. Eine Minute später war Anne bei mir. Ich erzählte ihr alles, und sie war auch total fertig. Alle redeten mir zu, dass ich es schaffe und dass ich bloß nicht aufgeben soll. Aber ich war in diesem Moment einfach nur fertig. Ich mein, man bekommt ja nicht immer gesagt, dass man vielleicht sterben wird.

Wir, sprich Thomas, Marc, Anne und ich sind dann nach Holland ins Outlet-Center Shoppen gefahren, damit ich wenigstens was Ablenkung hatte. Dieser Tag war der schlimmste Tag in meinem ganzen Leben.

Schulabschluss

Einen Tag später, am Freitag, den 09.07.04 hatte ich Schulabschlussfeier. Das zehnte Schuljahr war zu Ende und ich hatte meinen Realschulabschluss mit Qualifikation zur Oberstufe.

Da hatte ich auch schwer für gekämpft. Und meine Mom hat sich dafür eingesetzt, damit ich in die elfte Klasse versetzt werde. Ich will doch mein Abitur und dann Webdesign lernen.

Hausunterricht war oft sehr anstrengend, weil es mir so schlecht war und ich immer Schmerzen hatte. Deshalb will ich will hier auch besonders meinen Lehrern aus der Betty-Reis-Gesamtschule in Wassenberg Danke sagen für Ihre Hilfe und Geduld. Ja, nun, ich hab's geschafft. Das war mir auch seeeehr wichtig.

An gestern will ich gar nicht denken. Ich will es schaffen und warte jetzt auf die neue Chemo.

Die neue Chemo

Am 19.7.04 ging es los. Wir waren um 10:00 Uhr in Aachen auf der Station. Als ich die Station betrat, war mir sofort kotzeschlecht. Ich kann den Chemogeruch, den komischerweise außer mir keiner riecht, einfach nicht ertragen, trotzdem musste ich dieses Mal da durch. Ich bekam wie auf Wunsch ein Zimmer, in dem ich am Fenster liegen konnte, und zu meinem Glück kam Nicole, ein Mädchen, das ich hier kennen gelernt habe, auf mein Zimmer. Leider blieb sie nur bis Mittwoch.

Ich wurde am Port angestochen, wovor ich wieder Angst hatte. Es ist eine lange Zeit her, dass der Port benutzt wurde, und ich hatte noch schlechte Erinnerungen im Kopf, was den Port angeht. Doch da Frau Dr. J. es machte, war es noch zu ertragen. Ich bekam als Erstes einen großen Vorlauf, danach kam eine Chemo, die vier Stunden lief und danach eine, die vierundzwanzig Stunden lief. Außerdem kamen dann die Ärzte von der Schmerzambulanz.

In den ersten Tagen hatte ich an meinem Ständer ein Gerät, wo Morphium durchläuft. Das wurde mir den ganzen Tag gegeben. Meine Tabletten wurden zum Großteil geändert. Wenn ich Schmerzen hatte, wurde mein Morphium für dreißig Minuten ganz hoch gestellt. Aber geholfen hat es nicht, geholfen hat Moms Öl und ihre Harmologie-Behandlung, die sie mir jeden Tag gemacht hat.

Am ersten Tag habe ich sehr viel geschlafen und auch kaum was mitbekommen, weil ich so high von dem Morphium war. Am nächsten Tag war eigentlich wieder genau dasselbe, aber ich hatte auch wieder sehr große Schmerzen. Es waren immer so Attacken, wo ich auf einmal das Gefühl hatte, als ob mir einer mit einem Messer in die Hand oder den Arm sticht, und alles plötzlich anfängt, tierisch zu brennen und zu stechen. Es kam, aber nach einer Weile ging es meistens wieder. Aber wenn es gerade anfängt, ist es unerträglich, und es gab auch kein Medikament, was dagegen etwas tun konnte, außer Mamas Behandlungen.

Später kamen die von der Schmerzambulanz. Ich bekam eine Pumpe an das Morphium-Gerät, damit ich mir selber Schüsse geben kann, wenn es sehr schlimm ist. Ich probierte es aus, aber auch das half nicht gegen diese Attacken. Nicole wurde heute der Port rausgeholt, und sie durfte sogar schon nach Hause, das fand ich überhaupt nicht gut. Ich konnte alleine gar nichts, nicht aufstehen und eine Schwester holen, allein auf Toilette gehen, geschweige mir was zu trinken nehmen.

Deswegen wurde ein anderes Mädchen zu mir gelegt. M. war nicht gerade eine Person, mit der ich mich super verstehe, aber Hauptsache nicht allein. Am Mittwochmorgen, als ich aufgewacht bin, musste ich dringend auf Toilette, außerdem bekam ich eine Schmerzattacke, die sehr heftig war. Wir klingelten, aber irgendwie kam keiner. M. ging bis zur Tür gucken, aber fand keinen. Ich versuchte dann allein auf den Toilettenstuhl zu gehen, aber ich hatte deswegen nur noch mehr Schmerzen. M. half mir dann dabei, damit wenigstens das erledigt war. Trotzdem lag oder saß ich heulend und brüllend auf meinem Bett, doch es kam keiner.

Erst zwanzig Minuten später kam dann eine Schwester gucken. Ich bin völlig durchgedreht und war total fertig. Sie gaben mir dann schnell eine Beruhigungs-Schmerztablette, und nach einer Weile schlief ich ein. Heute sollte auch mein Luftbett kommen, damit ich wenigstens etwas schlafen konnte. Zuerst weigerte ich mich, weil ich wusste, dass es sehr laute Geräusche macht.

Dieser Tag war nicht einfach nur zum Schlafen gedacht, nein, weil ich keine Verdauung hatte, und das schon seit längerem, bekam ich einen Einlauf. Mittlerweile hatte ich auch schon einen Toilettenstuhl, damit ich mit dem voll gepackten Ständer und dem Kabelgedöns nicht immer zur Toilette laufen muss. Es war nicht das, was ich wollte, aber es musste ja sein, und deswegen legte ich mich tapfer aufs Bett.

Ich hoffte, dass es damit getan war, doch einige Stunden später kam trotz Einlauf immer noch nichts, und ich musste mich noch einmal stellen, jedoch nicht so wie davor, denn diesmal wurde eine lange Röhre dazu benutzt. Schwester Ilona fragte mich vor dem Einlauf, ob mein Freund nicht hier schlafen will. M. sollte auf ein anderes Zimmer verlegt werden, weil sie mit mir überfordert war.

Ich zog es also durch, aber war danach auch nur noch am Heulen. Ich wollte auf keinen Fall noch mehr Einläufe kriegen. Es war das Schlimmste, was man mir, außer in eine Pfanne pinkeln, antun konnte. Damit war der Tag für mich gelaufen. Ich war ziemlich depri, wegen dem ganzen Scheiß. Meine Nerven waren angespannt, aber ich war glücklich, dass Thomas bei mir blieb. Es war die erste und, wie ich später rausfand, auch die letzte Nacht, in der ich gut schlief.

Am nächsten Tag sollte Kitty, meine Patentante, bei mir bleiben, das war ja schon mal eine gute Nachricht. Eine weniger gute war, dass ich schon wieder einen Einlauf kriegen sollte, die zwei am gestrigen Tag hatten ja nicht gereicht! Ich war total down, ich wäre am liebsten abgehauen, aber mit meinem Ständer wäre ich sowieso nicht weit gekommen.

Die letzten Tage waren die schlimmsten. Ich habe beide Tage trotz Kitty sehr schlecht geschlafen. Am Freitag wurde ein Ultraschall von meinem Bauch gemacht und mir wurde erzählt, dass ich bis oben hin voll Stuhlgang wäre. Ich bin ausgeflippt, ich hatte sehr große Angst, weil die Schwestern mir von sehr schlimmen Fällen in den vorherigen Tagen erzählt hatten. Ich musste, als ich auf der Station war, vier Becher Fencheltee mit Abführmittel trinken, das war die Alternative für einen Einlauf. Zu meinem Glück erzählte mir Frau Dr. L., dass ich *etwas* Stuhlgang in mir hätte, aber nicht so viel. Dass ich bis oben hin voll wäre, war übertrieben.

Meine Nerven waren trotz der kleinen Erleichterung sehr angespannt und total am Ende. Ich heulte oft und war die ganze Zeit sehr nervös. Nach langem Warten war ich dann abends auch endlich ein bisschen erfolgreich. Der Tag war kein bisschen schrecklicher als die anderen, auch wenn ich um den Einlauf drum rum gekommen war. Am Samstagvormittag durfte ich dann endlich nach Hause.

Ich hatte nur das Problem, dass ich nicht laufen konnte, weil ich die ganze Woche nur gelegen hatte. Eine Schülerin brachte mich mit dem Rollstuhl bis zum Auto. Ich war froh, endlich wieder frische Luft zu spüren und endlich nach Hause zu können.

Chemo-Auswirkungen

Am 02.08.04 mussten wir im Klinikum meine Werte überprüfen lassen. Ich hatte am Morgen schon wieder so Schmerzen, dass wir wieder viel zu spät losfuhren. Wir waren um elf Uhr dort. Zuerst mussten wir meine Werte checken lassen. Als mir Blut abgenommen wurde und sie meine Werte ausdrucken wollten, kamen komische Werte raus. Wir nahmen mir ein zweites Mal Blut ab, aber sehr viel besser waren meine Werte dadurch nicht, außerdem hatte ich an beiden Fingern einen dicken blauen Fleck vom Blutabnehmen.

Wir gingen dann zur Poliklinik und warteten eine Weile, Frau Dr. J. schickte uns dann auf die Station. Allein wegen den blauen Flecken an den Fingern war klar, dass ich Thrombozyten brauche. Ich bekam dann ein Zimmer und ein Bett und wartete wieder eine Weile. Nach einiger Zeit wurde ich angestochen. Kurz darauf kamen auch schon meine Thrombos. Es sollte eigentlich nicht so lange dauern, ich schlief in der Zeit, trotzdem dauerte es viel länger als gedacht.

Als wir dann endlich zu Hause waren, ging es mir nicht so gut. Wir wollten uns eigentlich einen schönen Abend machen, aber komischerweise bekam ich Kopfschmerzen. Mir wurde heiß und kalt, mir war schlecht, und ich hatte Temperatur. Ich hatte schon Angst, dass ich ins Krankenhaus muss, aber das war dann zum Glück doch nicht der Fall. Eine Paracetamol, ein Kühlakku und ein Bett reichten auch. Ich konnte relativ gut schlafen.

Am nächsten Tag war mir immer noch was komisch. Ich hatte ein unwohles Gefühl, und übel war mir auch. Anscheinend war ich krank. Am Mittwoch waren wir weg gewesen, und ich war heilfroh, als ich mich zu Hause in mein Bett legen konnte. Nach kurzer Zeit musste ich auch schon wieder raus aus dem Bett, denn wir hatten noch einen Termin bei Dragi. Bei Dragi angekommen, wurde ich von mehreren Frauen behandelt, wofür ich mich hier auch noch mal ganz doll bedanken will.

Als wir dann wieder zu Hause waren, schaute ich mir mit meinem Freund einen Film an. Von Zeit zu Zeit ging es mir immer etwas schlechter. Ich hatte Fieber, mir war nicht gut, ich hatte Schmerzen, mir wurde heiß und kalt und dazu kam dann auch mein Telefon, das andauernd klingelte. Da konnte man echt bekloppt werden. Mom rief dann im Klinikum an, weil wir nicht wussten, was wir machen sollten.

Ich bekam dann eine Eiskrawatte, und Mama wusch meine Beine mit kühlem Wasser ab. Auf einmal klingelte ein Telefon, es war die Ärztin, mit der sie gesprochen hatte, Frau Dr. L. hat angeordnet, dass wir sofort zum Klinikum kommen sollten. Wir fuhren sofort los und kamen um 1:00 Uhr mitten in der Nacht an.

Es wurden dann Proben von meinem Körper genommen, und danach wurde ich angestochen und bekam eine Infusion mit Antibiotikum. Es war eine schreckliche Nacht. Papa blieb bei mir, und Mama und Thomas fuhren um 3:00 Uhr nach Hause. Am nächsten Tag war mein Fieber schon etwas besser, aber ich musste trotzdem noch länger dableiben. Es gefiel mir gar nicht, aber Papa blieb nachts bei mir.

Ich wollte am Samstag unbedingt nach Hause, weil ich mit Thomas unbedingt gemütlich zu Hause einen Film gucken wollte. Ich hätte sogar gedurft, unter der Bedingung, dass ich am Sonntag wieder komme und die mir den Rest Antibiotika verabreichen können, aber weil ich nicht ein zweites Mal gestochen werden wollte, blieb ich sozusagen halb freiwillig dort, und mein Schatzi war so lieb, die Nacht bei mir zu bleiben. Am Sonntag war der Horrortrip dann endlich zu Ende, und wir konnten nach Hause fahren.

Bochum

Am 09.08.04 ging es los nach Bochum zum Grönemeyer Institut. Wir fuhren drei Stunden vor dem Termin los. Es war sehr schwierig für meine Eltern zu finden. Wir gingen zuerst in ein großes Gebäude. Ich war total k.o. und legte mich auf die Couch, die dort stand. Wir mussten eine Weile warten, und dann führte uns eine Frau ins gegenüberliegende Gebäude. Dort sprachen wir mit einem Arzt. Es war aber nur die Urlaubsvertretung von unserem eigentlichen Arzt.

Ich hatte währenddessen viele Schmerzen und bekam nur ganz wenig vom Gespräch mit. Aber der Arzt redete auch gar nicht erst mit mir, sondern nur mit meinen Eltern. Wir hatten jetzt erst mal fünfzehn Termine für eine Tiefenhyperthermie. Das ist sehr teuer, und wir wissen bisher noch nicht, ob unsere Krankenkasse diese Kosten übernimmt.

An diesem ersten Termin testeten wir schon das Gerät, aber das war nicht so doll. Ich sollte mich auf einer Wasserbett-Liege auf den Bauch legen und dann wurde mir das Gerät auf den Nacken gelegt. Das Gerät, womit die Hyperthermie durchgeführt wird, besteht aus einem mit Wasser gefülltem Beutel, der an einem beweglichen Arm befestigt ist. Durch den Beutel wird der Tumor mit Mikrowellen erhitzt, die im Gegensatz zu normaler Hitze nur das Tumorgewebe angreifen.

Es gab beim ersten Versuch das Problem, dass ich mich nicht auf den Bauch legen konnte. Jedoch mussten wir uns eine Liegeposition erarbeiten. Deshalb verlief die Therapie die ersten drei Male nicht so gut, wir waren immer kurz vor dem Abbruch der Therapie. Beim vierten und fünften Mal hatten wir die Idee, dass ich mich auf den Stuhl davor setze und mich mit meinem Oberkörper auf das Bett lehne. Es funktionierte beide Male, ohne dass einer der Instituts-Mitarbeiter etwas auszusetzen hatte. Beim sechsten Mal aber überkamen mich meine Schmerzen, und deswegen klappte es diesmal nicht so gut.

Und direkt wurde wieder gemault, dass das so nicht geht. Ich muss gucken, dass ich auf dem Bauch liegen kann. Ansonsten könnten wir die Therapie abbrechen, weil in dieser Position nicht die volle Wirkung erreicht werden kann. Ich war total verzweifelt, denn ich wollte die Therapie auf keinen Fall abbrechen, weil sie meine einzige und letzte Chance war. Andererseits wusste ich auch nicht, wie ich das mit dem Hinlegen anstellen sollte. Ich musste also über das Wochenende üben, aber es war alles gar nicht so einfach.

Doch zu meinem Glück habe ich ja eine Schwester. Ich lag am Sonntag im Wintergarten, auf einer Luftmatratze und Bianca kraulte meine Haare. Irgendwann machte sie mich darauf aufmerksam, dass ich schon ziemlich lange in derselben Position lag. Diese Liegeposition probierte ich dann auch in Bochum aus, und seitdem gab es nur noch Erfolge. Man sollte meinen, ich wäre glücklich, die Therapie klappt, meine Schmerzen wurden von Zeit zu Zeit besser, aber irgendwas fehlte mir.

Ich fühlte mich unzufrieden und unglücklich. Irgendwie hörte ich nichts mehr von meinen Freunden. Anne meldete sich gar nicht von allein, und wenn Mama mich nicht ab und zu rausschleifen würde, käme ich überhaupt nicht mehr raus.

Mein neuer Psychotherapeut

Am 30.08.04 war ein ziemlich stressiger Tag. Wir waren in Bochum und mussten danach nach Heinsberg zu einem Familien- und Eheberatungs-Therapeuten. Es ist ein Bekannter von Mama, aber den Kontakt zur Beratungsstelle haben wir von Frau M., denn Sie war die Therapeutin der Kinderstation aus dem Klinikum. Normalerweise war Frau M. einer meiner Ansprechpartner doch Ihr Vertrag war abgelaufen. Leider haben viele Kinder keinen Ansprechpartner mehr, und deswegen hat sie uns diese Beratungsstelle empfohlen.

Wir fuhren also heute zu Herrn Sommer. Ich musste zwei Stockwerke hochgehen, und oben angekommen, war ich total aus der Puste. Wir setzten uns in eines der Beratungszimmer. Wir redeten über Anne, meine eigentlich beste Freundin, wo zurzeit Funkstille herrschte. Es machte mich seelisch fertig, dass sie sich nicht mehr bei mir meldete. Ich hatte ihr einen Brief geschrieben, aber weiterhelfen konnte mir Herr Sommer leider auch nicht. Er war der Meinung, dass das mit dem Brief erst einmal okay war. Wir redeten noch ein bisschen über einen komischen Traum, den ich vor kurzem hatte:

„Ich kam mit Anne und ihrem Freund Marc aus der Disko, und die beiden gingen alleine nach Hause. Ich blieb noch eine Weile dort. Im nächsten Moment war da ein Krankenwagen, wo viele drum herum standen und ein Mädchen ein Baby bekam.

Am nächsten Tag ging das Mädchen zu einer Party, wo sie an ein paar Mädels vorbeikam, die sich über das gestrige Ereignis unterhielten. Als sie dies hörte, wurde ihr ganz komisch. Sie ging schnell weiter und begrüßte ein paar Freundinnen. Danach ging sie zur Toilette, doch ihr passierte ein kleines Missgeschick. Sie hatte kein Toilettenpapier mehr.

Sie hatte ein knielanges Kleid an, und man konnte nichts von dem Missgeschick sehen. Sie ging dann schnell in das gegenüberliegende Badezimmer, wo auch ein paar andere Mädels waren. Sie halfen ihr aus ihrer misslichen Lage. Außerdem fiel ihr auf, dass dieses Badezimmer luxusmäßig aussah, im Gegensatz zu dem anderen Badezimmer, das wohl eher wie eine Schultoilette aussah. Danach ging sie hoch zu ein paar Leuten, redete kurz mit ihnen und rief bei einem Taxiunternehmen an. Sie bestellte ein Taxi auf den Namen *Jennifer Cranen*. Sie verabschiedete sich von den Leuten und ging zum Taxi. Sie kam seltsamerweise bei mir zu Hause an."

Wir redeten vorher auch noch darüber, dass ich als Baby im Bauch meiner Mutter einen Knoten in der Nabelschnur hatte. Ich bekam dadurch nur wenig Nahrung, denn ich wusste, wenn ich mich bewegen würde, zieht sich die Nabelschnur zu und ich ersticke. Ich kam dann vier Wochen zu früh auf die Welt.

Herr Sommer sagte, dass ich im Bauch sozusagen schon Todesangst erfahren habe. Alle Jahre später wollte ich nie alleine sein. Bis jetzt schau ich abends nicht mal gern alleine fern.

Herr Sommer interpretiere mir den Traum wie folgt: Kind, Disko, junge Leute, Baby und Geburt, das alles steht für Leben und Lebendigkeit. Für mich bedeutet das den unbändigen Willen nach Leben.

Nordenau

Vom 02. bis zum 03. September 2004 fuhren meine Eltern, meine Freundin Vera und ich mit dem Auto nach Nordenau. Meine Mutter hatte von einem Stollen und einer Quelle gehört, die Heilkräfte haben soll. Das Wasser der Quelle hatte ich schon einige Zeit getrunken. Das hatten mir schon Bekannte meiner Mutter, die dort wohnen, öfters besorgt.

Die Hinfahrt habe ich nur geschlafen. So hatte ich wenigstens keine Schmerzen. In Nordenau hatten wir Zimmer bestellt bei den Bekannten, die dort eine Pension haben. Als wir angekommen sind, musste ich mich erst mal was hinlegen. Dann sind wir zum Stollen gefahren. Da mussten wir dann warten mit vielen anderen Leuten, bis wir dran waren. Vera hat mich mit dem Rollstuhl dann reingefahren. Da war es kalt drin und das Wasser tropfte von den Wänden. Aber ich habe mich so wohl gefühlt, dass ich eingeschlafen bin.

Danach sind zuerst zum Kahlen Asten gefahren. Aber wegen meiner Schmerzen hatte ich da nicht viel Spaß dran. Vera hat mich überall rumgefahren, aber ich war froh, wie ich wieder im Auto saß. Dann sind wir nach Winterberg gefahren, weil wir was essen wollten. Wir waren dann in einer Pizzeria. Dort bekam ich wieder so scheißstarke Schmerzen, dass ich kaum essen konnte. Wir sind dann sofort in die Pension, und Vera und ich haben im Bett ferngesehen.

Am Sonntag sind wir nach dem Frühstück noch mal zum Tommes-Stollen gefahren. Da war es aber nicht mehr so schön wie Samstag. Und nachdem wir eine kurze Zeit draußen waren, hatte ich wieder ganz starke Schmerzen. Wir wollten dann noch in Winterberg essen gehen, aber ich weinte vor Schmerzen. Da hat meine Mom mit Vera was vom Chinesen geholt, das wir auf dem Zimmer gegessen haben. Dann haben wir gepackt und sind wieder nach Hause gefahren.

Loslassen heißt Neubeginn

Hier fehlen nun einige Wochen, da ich gesundheitlich nicht in der Lage war zu schreiben. Es ist Sonntag, der 07.11.04. Ich liege hier im Klinikum und diktiere meiner Schwester Bianca das letzte Kapitel meines Buches.

Das letzte große Ereignis war am Freitag, den 22.10.04. Ich musste zur Kontrolle ins Klinikum wegen meiner untypischen Bauch- und Halsschmerzen seit längerer Zeit. Es wurde dann ein Röntgenbild von meiner Lunge gemacht, und zu meinem Unglück war es etwas Ernstes. Ich musste stationär aufgenommen werden. Man stellte einen Pneumaerguss fest, das heißt: Wasser zwischen Lunge und Rippenfell.

Um dieses Wasser rauszuholen, mussten sie mich punktieren und eine Drainage legen. Ich war sehr nervös. Als ich dann ins Untersuchungszimmer kam, warteten eine Menge Ärzte und Schwestern auf mich. Um meine Angst zu vertuschen, kloppte ich einen Spruch nach dem anderen.

Zuerst wurde ein Ultraschallbild gemacht. Doch auf einmal waren sich die Ärzte nicht mehr sicher, ob das wirklich was an der Lunge war. Ich musste dann gegen Abend zum CT. Danach waren sich die Ärzte wieder sicher, und es wurde die Drainage gelegt. Danach hatte ich große Schmerzen. Später kam ein Monstrum von Röntgengerät in mein Zimmer. Das Röntgen ging ganz schnell. Klar war, dass ich nun nicht am nächsten Tag nach Hause gehen konnte.

Im Laufe der nächsten Woche wurde die Drainage noch zweimal umgelegt. Einmal, weil sie verstopft war, und einmal weil etwas ausgelaufen war. Danach wurde mir im Laufe des Tages ein Medikament zum Verkleben des Zwischenraums gespritzt. Doch die Ärzte stellten fest, dass auch dieses wieder auslief. Am Freitag machten wir wieder ein CT und sahen, dass die Lunge immer noch voll Wasser war.

Am Samstagmorgen kam ich dann in den OP und wachte auf einem Knuddelberg Tüchern wieder auf. Um mir Schmerzen zu ersparen, hatte man mich mit Bettlaken auf die OP-Liege und nach der OP zusätzlich noch mit den grünen OP-Laken zurück ins Bett gehoben. Auf dem Zimmer wurden die Tücher dann alle mit großen Schmerzen unter mir weggezogen. Zu meinem Pech musste ich dann abends auf einen Horror Trip von CT.

Es war das reinste Drama. Als hätte es nicht schlimmer kommen können, hatten sich teils durch das Verklebungsmittel zwei Kammern gebildet, und die Drainage war in der fast wasserleeren Kammer. Also durfte ich Sonntagmorgen wieder in den OP, in der Hoffnung es würde alles klappen. Danach wurde geröntgt und alles sah für mich gut aus.

Ich musste dann jeden Tag meinen Kreislauf stabilisieren und mich aufsetzen und abhusten. Am Mittwoch, den 03.11.2004 teilte uns Frau Dr. L. eine schreckliche Nachricht mit. Sie sagte, dass sie mir keine Garantie dafür geben kann, dass ich ohne meine ganzen Geräte, die ich hier habe, noch mal nach Hause gehen kann. Die ganzen Hyperthermie-Behandlungen, die ich bis letzte Woche noch gemacht habe, haben nicht geholfen. Mein Tumor ist so weit fortgeschritten, dass ihn keiner mehr stoppen kann. Meine Welt brach für mich zusammen.

Mittlerweile (drei Tage später) habe ich mich damit abgefunden, dass ich sterben muss.

Trotzdem lohnt es sich, für jede Sekunde zu kämpfen. Man sollte die Hoffnung nie zu früh aufgeben.

Hier endet Jennis Buch.

Nachwort

Am Dienstag, den 09.11.2004 kam Jenni mit dem Krankenwagen nach Hause. Die Ärzte und wir hatten gemeinsam, schnellstens alles vorbereitet, damit Jenni nach Hause konnte, um dort in Frieden einzuschlafen. Wir hatten ihr Bett im Wintergarten aufgebaut, so dass sie die ganze Natur sehen konnte.

Jenni blieb noch ein Woche bei uns, in der sie sehr, sehr tapfer all die Schmerzen ertrug. Sie hatte die Möglichkeit, sich noch von vielen Freunden zu verabschieden.

Wir redeten sehr viel mit ihr über die Welt, die jetzt auf sie zukommt. Ich hoffe, dass unsere Worte und ihr Glaube an Gott, ihr den Übergang ins Licht erleichtert haben.

Jennifer starb am 16.11.2004 morgens um 8:10 Uhr. Nach einem schweren Kampf, den sie bewundernswert durchstand, schlief sie ganz leise ein.

In unseren Herzen wird sie immer bei uns sein.

Ihre letzte Nachricht, die sie uns am Sonntag vorher diktierte, lautete:

Ich will nicht, dass Ihr weint und um mich trauert,
sondern mit einem Glas Sekt darauf anstoßt,
dass ich nun endlich alles überstanden habe und keine
Schmerzen mehr ertragen muss.
Denkt nur daran, dass es mir gut geht
und vergesst das Trauern.

Jennifer Cranen

Dieses Buch hat Jenni trotz all ihrer Schmerzen geschrieben. Es war ihr sehnlichster Wunsch, dass es veröffentlicht wird. Diesen Auftrag haben wir – ihre Eltern – hiermit erfüllt.

Im Internet werden Jenni's Homepages weiter online bleiben.

http://www.crazyjenni.de
http://www.crazyjenni.de/meinekrebspage

Zusätzlich haben wir eine Gedenkseite für Jenni gemacht, die wir auch weiter pflegen werden.

http://www.crazyjenni.de/jennis_gedenkseite

Wir freuen uns über jeden Besucher und über jeden Gästebucheintrag.

Kontaktadresse:

Maria-Anna Cranen
Am Heidehof 10
D-41849 Wassenberg
Tel: 0 24 32 – 34 96
Fax: 0 24 32 – 90 70 82 8
Mail: *cranen@t-online.de*